Hundebibliothek

Unsere Heimtiere

Bruno Nelissen-Haken

Ein Dackel namens Fidibus

Bekenntnisse
eines leidgeprüften Teckelvaters

Kosmos
Gesellschaft der Naturfreunde
Franckh'sche Verlagshandlung
Stuttgart

Mit 27 Farbfotos und 15 Schwarzweißfotos.
6 Schmuckillustrationen von Milada Krautmann

Vorsatzfoto von Eva-Maria Krämer-Vogeler

Umschlaggestaltung von Creativ GmbH, Ulrich Kolb, Stuttgart, unter Verwendung zweier Dias von Annerose Schatter

Abb. 1. »Wirbel« sitzt da, als könne er kein Wässerchen trüben. (Foto: Annerose Schatter)

Layout von Edgar Dambacher

CIP-Kurztitelaufnahme der Deutschen Bibliothek

Nelissen-Haken, Bruno:
Ein Dackel namens Fidibus : Bekenntnisse e. leidgeprüften Teckelvaters / Bruno Nelissen-Haken. [Mit 27 Farbfotos, 15 Schwarzweißfotos, 6 Schmuckill. von Milada Krautmann]. – 5. Aufl. – Stuttgart : Franckh, 1986.
    4. Aufl. u. d. T.: Nelissen-Haken, Bruno: Erlebnisse mit Dackeln
    ISBN 3-440-05684-8

Die 4. Auflage ist unter dem Titel »Erlebnisse mit Dackeln« erschienen.

5. Auflage
Franckh'sche Verlagshandlung,
W. Keller & Co., Stuttgart / 1986
Printed in Italy / Imprimé en Italie
L 9 mm Hrr / ISBN 3-440-05684-8
Satz: G. Müller, Heilbronn
Druck, Reproduktion und Buchbinder:
Grafiche Muzzio, Padua, Italien

Ein Dackel namens Fidibus

Ein Teckel namens Fidibus

Obwohl, was ein rechtschaffener Teckel ist, selten oder nie gehorcht, mag man ihn auch noch so höflich bitten oder grimmig schelten, muß er natürlich einen Namen haben. Das edle, wildschweinfarbene Rauhhaar, von dem hier zunächst in Wort und Bild die Rede sein soll, hieß ganz schlicht und einfach: Fidibus. Fidibus war der erste und damals einzige Spielkamerad meiner Knabenjahre. Unser tierliebender Vater, der dem ehrwürdigen Geschlecht der Teckel immer ganz besonders gewogen war, lehnte im allgemeinen jede Verniedlichung dieser äußerst selbstbewußten Hunderasse ab. Wieso er trotzdem auf den ja ausgesprochen komisch wirkenden Namen »Fidibus« verfallen war, erfuhr ich erst später, als mein auf dem Lande lebender Großvater uns einmal in der Stadt besuchte.

Der alte Herr hörte, wie wir unseren Teckel, selbstredend vergeblich, »Fidibus« riefen und schmunzelte vergnügt: »Ihr also auch? Nun ja. Ausgezeichnet. Ich sehe, die Tradition lebt – jetzt kann ich mich getrost zu meinen Vätern versammeln!«

Auch mein Großvater war nämlich immer ein Teckelliebhaber gewesen; und sein Vater, mein Urgroßvater, auch. Alle ihre Teckel aber hatten einstmals Fidibus geheißen. Nur

Abb. 2. Die Jagdpassion steht ihm im Gesicht geschrieben. (Foto: F. Gorski)

waren es nicht allemal Rauhhaarteckel; diese kamen erst zu anderer Zeit auf, vermutlich nachdem ihre glatthaarigen Vorfahren mit Drahthaarrassen gekreuzt worden waren.

Die eigenartige Benennung unserer Familienteckel hatte folgenden Zusammenhang: Damals rauchten die alten Herren noch fast durchweg die lange Pfeife. Der meist hübsch bunt mit jagdlichen oder studentischen Motiven bemalte Porzellankopf am unteren und das geschweifte Mundstück am oberen Ende waren nun folgerichtig durch das oft meterlange Weichselrohr getrennt oder verbunden. Ebenso folgerichtig erlosch aber des öfteren die aromatische Glut in der Tiefe. Wiederum war es recht mühselig, sich – zwecks Wiederentfachung des sengenden Krautes – bis fast auf den Fußboden hinunterzubükken. Die Zündhölzer von Anno Tobak waren wohl bedeutend länger und verpufften nicht so flüchtig wie heutzutage, aber sie waren doch keinesfalls lang genug, um ohne die lästige Rumpfbeuge auszukommen.

Also erfand (oder »wieder«-erfand) man den »Fidibus« – nicht etwa den Teckel. Als Abkömmling einer der ältesten, ja vorgeschichtlichen Hunderassen war dieser gewiß sehr viel eher auf der Welt. Vielmehr ging es um die aus alten Zeitungs- oder Kalenderblättern straff zusammengedrehte Papierrolle. Diese war nun vorsorglicherweise lang genug konstruiert, um den Pfeifenkopf im Erdgeschoß zu erreichen, ohne daß der Paffer im Hochparterre sich sonderlich anzustrengen

7

Abb. 3. »Fidibus«, »Haidjer« und Konsorten – alles echte Krummbeiner. (Foto: M. Homberger-Kempter)

brauchte – zweifellos eine der angenehmsten Erfindungen der Menschheit seit Entdeckung des Feuers und des Rauchens überhaupt.

Weil nun aber auch die Fidibusse verglühbar waren und häufig als nutzloses Feuerwerk abbrannten, bevor sie den Tabak richtig erglimmen ließen, hielt man immer eine ganze Sammlung dieser nützlichen Anzünder auf Vorrat. Sie steckten in einem praktischen Flaschenkorb neben dem Ofen.

Auf eben diesen Flaschenkorb mit den Fidibussen darin war der Teckel meines Groß- oder Urgroßvaters nun gedrillt, ja geradezu erpicht und versessen. Sagte der würdige Ahnherr nur leise »Fidibus«, so erfaßte das

kluge Schlappohr sofort, was gemeint war, und der brave kleine Kammerdiener machte sich ein eilfertiges Vergnügen daraus, der ehrenvollen Order nachzukommen. Er zerrte einen dieser Fidibusse aus dem länglichen Behälter, kam stolz damit angetrabt und hob ihn seinem Auftraggeber entgegen.

Diese löbliche Betätigung im groß- oder urgroßväterlichen Tabakkollegium war es denn auch, die mit der Zeit den Namen »Fidibus«, diesmal also als Teckelnamen, im Gefolge hatte, ja sogar vererblich machte.

Die lang geübte Tradition wurde dann aber doch unterbrochen. Teckel haben, wie alle anderen Hunde, ja leider ein verhältnismäßig kurzes Leben, an unseren eigenen Daseinsbegriffen gemessen. Dreizehn, vierzehn, fünfzehn Jahre; darüber hinaus kaum. So habe ich, von der Aufzucht einiger Würfe abgesehen, eine Menge Teckel besessen, manchmal gleichzeitig, manchmal nacheinander. Oder sie besaßen mich, wie sie selber sich sicherlich eingebildet haben; und vielleicht traf diese so selbstbewußte wie rührende Auslegung ja sogar zu. Man hätte diese Aufeinanderfolge der mir verbundenen Teckelgeschlechter also, in der Namenstradition beharrend, »Fidibus I, II, III« und so fort benennen müssen, ähnlich den gekrönten Herrscherdynastien; oder gar, die »Fidibusse« der Vorväter einbeziehend, noch höher hinauf.

Wenn einem aber ein liebgewordener Hund gestorben ist, wie es der Reihe nach mit allen geschah und natürlicherweise geschehen mußte, überträgt man seinen Namen nicht so einfach auf den nächsten. Es gibt da Gründe der Wehmut, des Anstands und des Taktes, die jeder Hundefreund auf der ganzen Welt versteht. Außerdem war der eigentliche, der namengebende Pfeifenanzünder inzwischen längst aus der Mode gekommen. Auch schien die (eine lange Zeit hindurch zur Witzblattposse gewordene) Vorstellung »Alter Herr mit langer Pfeife, sein Teckel den Fidibus apportierend« nachgerade fehl am Platz. Bei aller Possierlichkeit und all seinem angeborenen Verständnis für Humor hat gerade der Teckel seinen Stolz, ist empfindsam von Gemüt, leicht gekränkt, trägt lange nach, wenn er ungerecht behandelt oder gar verspottet wird, und verdient es somit nicht, daß man ihn lächerlich macht.

Der nächste wurde dann Haidjer genannt

So rechnet der Verfasser des hier vorgelegten »Erbauungs- und Belehrungsbüchleins für Teckelfreunde« es denn auch, unbescheiden genug, zu seinen teckelhalterischen Verdiensten, den Namen »Haidjer« ins Hunde- bzw. Teckelleben gerufen zu haben. Es ging damals um ein dunkelbraunes Rauhhaar, im Überfluß ausgestattet mit allen wünschenswerten Zubehören, den denkbar krummen, denkbar zottigen Pfoten, mit Schlappohren, die leider immer mit in den Futternapf hineinhingen, und einem wirklich höchst bemerkenswerten Stichelbart rechts und links sowie unterhalb des Riechers, der sogar dem sagenhaften Herrn Rübezahl vortrefflich zu Gesicht gestanden hätte. Dieser, der Bart, wurde bei Ausgängen oder Besuchen stets eigens gekämmt und gestriegelt, um jeweils den allerbesten Eindruck bei den verehrlichen Gastgebern hervorzurufen. Angesichts dieser urwüchsigen Hundegestalt (und bei einiger Phantasie) fühlte man sich denn auch immer irgendwie an jene herbe Landschaft mit ihren zähen Heidestrünken und schiefästigen Wacholderbüschen erinnert, der die rauhbehaarte Hündin entstammte und wo sie ja auch die reiferen Abenteuer ihres abwechslungsreichen Daseins erlebte. Daher also der Haidjer-Name. Erfreulicher- oder bedauerlicherweise fand diese Namensgebung dann rasch allgemeinen Anklang, und es dauerte nicht lange, bis auch andere Teckelbesitzer (oder Teckelbesessene) ihre vierbeinigen Haushaltsangehörigen gleichermaßen titulierten. Erfreulich, weil mit Hunde- und vor allem Teckelnamen ja vielfach ein teils überschwenglicher, teils (indem man sie vermenschlicht) wirklich unangebrachter Kult getrieben wird. Weniger erfreulich, weil jetzt womöglich ein völlig fremder Teckel namens Haidjer – obwohl man den eigenen rief – dazu neigte, sich ausnahmsweise an unsere Fersen zu heften, der eigentlich Gemeinte indes nach wie vor überhaupt nicht reagierte.

Nun, wie auch immer: heute heißt mein (derzeitiger) Teckel wiederum anders, nicht nur dieser Verwechslungskalamitäten halber. Also nicht etwa »Haidjer II« oder »III«, sondern – aber das ist nun auch schon wieder eine (Namens-) Geschichte für sich, deren Wiedergabe hier zu weit führen würde.

Abb. 4. »Haidjer« in seinem Revier. (Foto: K. Schmidt-Duisberg)

Zeige mir deinen Teckel –
und ich will dir sagen, wer du bist!

Über Vorlieben und Geschmäcker, nicht nur bei der Namensgebung, läßt sich nun einmal nicht streiten. Jeder wählt, oft unbewußt, den Hund, der am besten zu ihm und seinen persönlichen Eigenheiten paßt; und wer sich, auf Grund irgendwelcher rätselhafter Sympathien, für den Teckel entschieden hat, ist ihm zukünftig verfallen. Er wird dieser, bei aller Widerborstigkeit so liebenswerten, zu durchtriebenen Streichen (nur um der Streiche willen) neigenden Hunderasse zeitlebens die Treue bewahren; mag man nun die glatt-, lang- oder rauhhaarige, die schwarze, schwarzrote, hirschrote oder saufarbene Spielart bevorzugen. Die Grundanlage des Charakters bleibt ja schließlich mehr oder weniger gleich. Auf die feineren Unterschiede in Temperament und Gemüt, Drolerie und Sturheit, Gehorsam und passiver Resistenz kommt man ja doch erst später. Originale, Eigenbrötler, Trotzköpfe, Rebellen und Freischärler sind sie jedenfalls allesamt. Mit

Abb. 5. »Silentium!« (Foto: W. Dorn)

anderen Worten: ein jeder ist seines (Teckel-) Glückes Schmied. Oder: wie der Herr, so's Gscherr.

Unsere Großeltern kannten ja wohl nur den schlicht schwarzen, schwarz-roten oder schwarz-gelben, allenfalls schon den hirschroten Glatthaarteckel – auch die Bezeichnung »Teckel« scheint mir übrigens weitaus passender als die schon allein in den Klang des Wortes »Dackel« gelegte, durchaus nicht immer zutreffende Vorstellung des belachenswert Komischen; obschon das Wort sich ja sicherlich von »Dachs« ableitet. Dann kam zunächst das Langhaar auf: ebenfalls schwarz, schwarz-gelb, schwarz-rot oder hirschrot für sich allein; wobei die Bestim-

mung »rot« nicht so ganz wörtlich zu nehmen ist: mehr ein in allen Schattierungen vertretenes Braun, zuweilen auch Beige oder sogar Gelb. Und schließlich das Rauh- oder Stichelhaar.

Ich für meinen Teil hatte immer eine besondere Schwäche für den rauh- oder stichelhaarigen, möglichst wildschwein-, sau- oder sandfarbenen Teckel; ohne damit den Vorzügen anderer Haararten Abbruch tun zu wollen. Er ist eher gedrungen, untersetzt, stämmiger, robuster und neigt auch weniger zu Erkältungen, etwa nach Wasserpirschen; das drahtige Haar weist Regen und Schnee gleich imprägnierten Wettermänteln ab. Nur die Feuchtigkeit von unten her, aus spritzigen

Pfützen, wird als unangenehm (am weicheren Bauchhaar) empfunden und mit entsprechend verdrießlicher Miene begleitet. Notfalls steckte ich meine Teckel ein paar Stunden lang einfach in eine Kiste mit Heu oder Stroh, und die Nässe verflüchtigte sich schnell. Sie kamen alsbald quietschvergnügt, knochentrocken und sogleich wieder ungeheuer unternehmungslustig zum Vorschein. Aber auch im Charakter, von der Grundveranlagung abgesehen, scheinen die verschiedenen Haararten nicht unerheblich voneinander abzuweichen. Ich hatte immer den Eindruck, daß die glatthaarigen Teckel mehr zur – allerdings keineswegs bösartigen – Verschlagenheit neigen und in der Kunst des Sichverstellens alle anderen Artgenossen übertreffen. Das Langhaar wiederum wirkt weicher, empfindsamer, hingebungsvoller, auch im Gemüt; mehr der Liebe und Zärtlichkeit, namentlich von Frauenhand, bedürftig. Das Rauhhaar indessen verkörpert die schiere Offenheit ohne Arg, nimmt weniger übel, versteht auch den derberen Spaß, verrät sich sogleich, wenn es wirklich einmal über eine etwaige Untat hinwegzutäuschen versucht und ist überhaupt ganz allgemein härter von Natur und Konstitution, sowohl was das Durchhaltevermögen als auch den tätigen Widerstand anbelangt. Doch sind dies natürlich ganz persönliche Auffassungen oder gar Voreingenommenheiten, die man besser nicht verallgemeinern sollte. Es könnte sein, daß gelehrte Untersuchungen, die ja über ein weit umfangreicheres Material an Erbfolge und Vergleichsmöglichkeit verfügen, zu ganz anderen Resultaten gelangen; ähnlich etwa wie bei dem ja vielfach für unwahrscheinlich gehaltenen Hunde-Traum. (Ich meinerseits war und bin allerdings überzeugt, daß meine Teckel sogar sehr lebhaften Traumbegebenheiten hingegeben waren. Sie erlebten zweifellos ganze Romane in ihrem nächtlichen Hundekorb. Die im Leerlauf rotierenden Beinchen brachten offenbar endlose Pirschen hinter sich, und das auf winzige, allerdings nicht weniger erregte Bellerchen reduzierte Traumgekläff galt sicherlich den heroischsten Zweikämpfen mit allerlei wehrhaftem Wild.)

Als ich ein kleiner Junge war

Es war das erste Mal, daß ich rauhhaarige Jungteckel aufzog, als der anfangs erwähnte Teckel Fidibus Nachwuchs bekam. Ich war damals noch ein kleiner Junge, und nichts kommt ja dem wunderbaren Erlebnis gleich, das diese tolpatschig-unbeholfenen, kaum dem Paradies entsprungenen Geschöpfe uns Kindern bereiten. Das Entzücken über die rührende Tapsigkeit und die nimmermüde Verspieltheit der klitzekleinen Haarknäuel ringsherum, mit ihren meist ineinander verstrickten Pfötchen, Schnäuzchen, Öhrchen und Schwänzchen, gehört nun einmal zu den unvergeßlichen Erinnerungen der kindlichen Tierliebe und verliert sich nie.

Aber auch das innige Vergnügen der Großen an der immer wieder verzaubernden Begebenheit im Hundekorb gehört wohl zu den ganz elementaren Freuden dieser Erde und veranlaßte letztendlich auch mich, noch in späten Jahren, wieder und wieder das große Wunder zu beschwören – ohne daß ich eigentlich daran dachte, wohin denn nun eines Tages mit dem unentwegt heranwachsenden, rasch zu groß werdenden Familienanhang in der Hundestube. Am liebsten hätten wir die lieben Kleinen immer allesamt behalten…

Keine Bange – die (Teckel-) Mutti paßt auf!

Fidibus hatte sieben überaus reizende Teckelkinder und war eine denkbar zärtliche Mutter für die Kleinen. Sie ließ es zwar zu, daß wir die winzigen, noch blinden Geschöpfe in die Hand nahmen (denn daß ausgerechnet wir ihrem lieben Nachwuchs etwas antun könnten, schied ja wohl aus); ihr langer Lecker aber fuhr tröstend über die Schnäuzchen und Bälger der beunruhigten, kläglich piepsenden Wollfilzknäuel: »Keine Bange – die Mutti paßt ja auf!«

Sieben Nimmersatte waren allerdings ein bißchen viel auf einmal, da die sorgenvolle Hundemama, bei vollbesetztem Tisch, nur allenfalls sechs davon ernähren konnte. Wir halfen mit Kuhmilch, später mit Schleimsüppchen aus. An feste Speisen war ja zunächst noch nicht zu denken. Das mußte alles eins aus dem anderen folgen: erst die süße, warme Milch, dann, etliche Wochen später, durchgeseihter Haferschleim, dann Haferflocken ohne Sieb, schließlich Reis; und dann die ersten, noch sorgsam kleingehackten Fleischbröckchen darin. An Vitamintröpfchen oder -pillen, die man heute, vor allem bei Stadthunden, dem Futter beizumengen pflegt, dachte man damals noch nicht; eben weil es sie einfach noch nicht gab. Nur Tabletten gegen die lästerliche Wurmplage, die so verführerisch nach Zucker rochen, wurden zum Nachtisch serviert und, als Belohnung der fleißigen Esser, gewissermaßen weidlich angepriesen. Ach, sie waren ja alle so rührend fleißig, unsere sieben Riesenmäulchen - wenigstens in dieser Hinsicht!

Abb. 6. »Ist deine Nase auch schön kalt?« (Foto: F.Gorski)

14

Die freche Fliege am Tellerrand

Einer meiner frühen Napfeleven spürte aber anscheinend schon im zarten Breichenalter das Gelüst nach einem Wechsel in der Speisefolge, d. h. nach schmackhaften Einlagen in den (seiner Meinung nach) wenig interessanten Suppentopf. Fliegen etwa, mit denen er schon Bekanntschaft geschlossen hatte. Nach Brummern zu schnappen oder diese naseweisen Störenfriede ganz einfach mit dem Zünglein wegzulecken, hatte man bereits gelernt. Daß freilich die von der Porzellanfabrik an den Tellerrand gemalten Blümchen keine Fliegen, also keineswegs eßbar waren, somit auch nicht geschnappt und nicht einfach so aufgeleckt werden konnten, wohl aber in unverschämter Dreistigkeit stets auf der gleichen Stelle sitzenblieben, begriff unser kleiner Teckelphilipp lange Zeit hindurch nicht. Es ging dies entschieden über seinen ja sowieso noch ziemlich begrenzten Welpenhorizont. Der freche Brummer hockte nach wie vor in sicherer Hut, und keine noch so abgründige Grübelei brachte die wünschenswerte Klarheit in den rätselhaften Fall.

Wir lachten damals sehr, und Mutter erinnerte sich sogleich, wie begierig ich selber, in ähnlich zartem Alter, auf das Verspeisen von Mottenkugeln oder der steinernen Murmeln meiner großen Schwester gewesen war – das Märchen der Kindheit scheint eben überall gleich; auch was die paradiesische Einfalt, die Neugier und den Appetit auf vermeintliche Leckerbissen anbelangt.

Wir nannten sie: »Die Troglodyten«

Wieder einige Wochen später war dann der Übergang in die nächsthöhere und schließlich in die Verpflegungsstufe I geschafft. Der Reis wurde auf Kalbsknochen, Pansen, Euter oder sonstigen Innereien (ohne Gewürze!) gekocht, gelegentlich auch rohes Fleisch oder, als Dauerproviant und zwecks Ablenkung, Hundekuchen verabfolgt. Das überlaute Geschmatze rings um den Trog zeugte denn auch geradezu von klassischer geschwisterlicher Eintracht. Wir nannten die um den Trog Versammelten: die Troglodyten.

Der gleiche, überaus naseweise Napfkämpfer (aus der Tellerfliegenschlacht) bewies uns freilich, wie früh und wie äußerst streitbar sich das Recht des Starken und Mutigen auch bei Hunden und namentlich bei Teckeln

Abb. 7. »Die Troglodyten«. (Foto: EFFEM)

bemerkbar macht. Er war es, der stets, weit vor dem minderen Gefolge, den besten Platz und das größte Stück bei Tisch erwischte, indem er seine Rivalen gröblich in die ihnen seiner Meinung nach zu ziehenden Grenzen verwies. Dieser offenbar zum Teckellandsknecht und Schnapphans geborene Wegelagerer verdrängte seine Troggefährten sogar, wenn aus gesundheitlichen Gründen Zwischengänge oder Extramahlzeiten eingeschaltet wurden, die keiner der kleinen Neugierspinsel mochte, auch er selber nicht: rohe Mohrrüben zum Beispiel, Birnen, Äpfel oder sonstiges Obst. Was auch immer an vegetarischen Knabberzugaben unter die erwartungsvoll gespannte Meute gestreut wurde – immer genauso viel, daß jeder einzelne auf seine Kosten kommen mußte, d. h. also ein Stück je Nase –, lag zu guter oder schlechter Letzt zwischen den zottigen Bärentatzen des eifersüchtigen und gierigen Hamsterers aufgestapelt.

Wehe, wenn einer seiner kleinen Konkurrenten ihm zu nahe kam und den magischen Kreis überschritt, der um seinen vornehm isolierten Regierungssitz gezogen war. Sogleich schoß er hervor, verjagte den, der die Bannmeile nicht respektierte, und schoß eilends wieder zurück, um seine (ungenießbaren) Schätze keinesfalls ohne Aufsicht zu lassen. Da das Interesse der friedfertigen Wurfgeschwister aber gerade hierdurch angeregt wurde, fand der zähnefletschende Zerberus fortan keine Ruhe mehr. Er raste so lange zwischen der unsichtbaren Umwallung und dem angestammten Thronsitz seines Königspalastes hin und her, bis ihm der rosa Lecker schließlich langhals aus der Kehle hing und ein erschöpftes Gehechel die gefährlichen Knurrlaute aus der gleichen Kehle ablöste. Später fraß er sogar von den erbeuteten Mohrrüben oder Äpfeln; vielleicht um zu räumen und um endlich wieder zu der längst fälligen Runde Schlaf zu gelangen. Schmecken tat's ihm jedenfalls nicht. Die vor lauter Widerwillen hochgezogenen Lefzen sprachen Bände. Er speiste sozusagen auf hohlem Zahn und kaute, ja wiederkäute denkbar schlecht gelaunt. Von Fall zu Fall spuckte er den Bissen auch wieder aus, um das so abscheulich schmeckende Zeugs längere Zeit tiefsinnig zu betrachten, zu beschnüffeln, zu begrübeln und es sich alsdann – zu unser aller Entsetzen – wieder einzuverleiben. Bis Mutter auf die ja sattsam bekannte Lösung mit dem Ei des Kolumbus oder dem gordischen Knoten verfiel, die vegetarische Schonkost vorher zerrieb und das Geschabte (möglichst unauffällig) in das allgemein zugängliche Napffutter tat.

Der Napftyrann

Derselbe frühreife Despot war es auch, der den als angenehme Beigabe in der Futterschale belassenen Knochen, auf dem das Süppchen gekocht worden war, ganz für sich allein beanspruchte; mochte diese Trophäe auch noch so umfangreich sein, viel zu groß für den kleinen Tyrannen und zweifellos ergiebig genug, um allen seinen Tischnachbarn nebeneinander als Dessert zu dienen. Das weithin hörbare Benagen des Beutestückes gehörte aber offenbar zur Siegesfeier des anmaßenden Alleinherrschers, obwohl die winzigen Zähnchen kaum mehr als die Knochenhaut zu ergattern vermochten und die eigentliche Substanz so gut wie unbeschädigt oder unverwertet blieb.

(Später, etwa vom vierten oder fünften Lebensjahr ab, verabreichte ich meinen Tekkeln übrigens nicht mehr allzu gern solche Knochenzugaben. Sie litten anschließend an Verstopfung, die Exkremente wurden hart, oft so steinhart, daß sich Blut im Stuhl fand. Die – sichtbare – Anstrengung des Ausscheidens war offenbar zu strapaziös, und ein Darmäderchen platzte. Da andererseits der Kalkgehalt in der Knochennahrung auch im höheren Lebensalter nicht entbehrt werden kann, ersetzte ich diesen durch entsprechende Präparate. Nicht ersetzen freilich lassen sich die angenehmen, so sicht- wie ruchbaren Eigenschaften des »beinernen Puddings«, das tröstliche Gefühl des Besitzens, wie es ja mit dem lange vorhaltenden Knochenschatz verknüpft ist. Von Zeit zu Zeit also ist immer mal wieder eine derartige Sonderration fällig; ein denkbar wichtiger Festtag für meine kleinen Raubtiere!)

Abb. 8. Was es war, konnte hinterher nicht mehr festgestellt werden, aber offensichtlich hat's geschmeckt… (Foto: Annerose Schatter)

Es klappert die Mühle

Was nun unseren frühreifen Knochenschaber anbetrifft, so fragte Mutter einst, nicht ahnend, daß der kleine Zwingherr noch immer mit seinem knöchernen Tribut beschäftigt war: »Hört doch mal – was ist das eigentlich für ein komisches Geräusch? Klingt ja beinahe, als ob hier irgendwo in der Gegend eine neue Sägemühle in Betrieb ist!« Diese Sägemühle aber war nichts anderes als unser kleiner Knochenfreund. Er hatte seine kostbare Habe irgendwohin in eine entfernte Ecke der großen Wohnung transportiert (auf welche Weise, blieb rätselhaft) und traktierte den fossilen Überrest dort nach allen Regeln der Kunst, wobei er das schwere Beutestück alle naslang aus dem Maul fallen ließ – daher das Klappern. Es geschah dieses kunstgerechte Traktament aber in einer Weise hingegeben, selbstvergessen, ja fanatisch, daß von einem wirklichen Genuß schon gar nicht mehr die Rede sein konnte. Es ging ja wohl mehr, wie Vater lächelnd meinte, um die Ausübung einer zeremoniellen Handlung. Von Zeit zu Zeit steigerte sich der Zernagungsprozeß sogar in eine Art von Inbrunst, von eifernder Manie oder gar Besessenheit hinein und nahm, gemessen an den Geräuscheffekten und verstärkt durch den

19

Hohlraum unter dem Fußboden, Ausmaße an, die wirklich, wenn nicht gerade an den Lärm einer Sägemühle, so doch an den eines Parkettschleifers oder eines Schabeisens am rostigen Schiffsrumpf auf der Werft erinnerten. Die hölzernen Dielen erzitterten ob der gewaltigen Tatkraft dieses sonst noch so rührend unbeholfenen Teckelbabys.

Die geheime Schatzkammer

Später pflegte der einsame Kämpfer seinen Übungsknochen (denn das war er zunächst ja wohl noch, zumal der grimme Zermalmer niemals damit fertig wurde) unter Schrank oder Sofa zu verstecken, um gegebenenfalls irgendwann darauf zurückzukommen. Im Frühsommer, als die kleine Meute erstmals jenseits des Zwingerdrahtes ins Freie gelassen wurde, geschah dies im Garten, unter einem möglichst tief herabhängenden Busch. Dort wurde die Erde aufgebuddelt, der Knochen hineingezerrt, die Buddelgrube peinlich korrekt, mit Pfote und Schnauze, wieder zugescharrt und anschließend noch mit ein paar Spritzern losen Sandes überdeckt, um auch den letzten Hinweis auf diese geheime Schatzkammer zu beseitigen. Später vergaß der allzu weitblickende Kapitalist sein Guthaben im unterirdischen Tresor aber zumeist, und es fiel ihm erst dann wieder ein, wenn irgendein verdächtiger Dritter sich in der Nähe aufhielt. Sogleich stürzte der mißtrauische Geizkragen an das verborgene Buddelloch, hockte sich mitten darauf und bleckte die Zähne.

Vater erzählte uns übrigens, daß dieses (an und für sich durchaus imposante, aber doch wohl ziemlich überflüssige) Sandkratzen, nicht nur anläßlich des Schatzgrabens, sondern auch im Anschluß an gewisse, jeweils unaufschiebbare Verrichtungen unter diesbezüglichen Bäumen der gleichen Einbildung entspränge. Es soll die Wittrung aufgehoben werden, die früher einmal den angeborenen Feind, das größere Raubtier, auf die Existenz des kleinen Nebenbuhlers hätte aufmerksam machen können; inzwischen freilich längst zu einer sinn- und zwecklosen Gewohnheit verkümmert. Und doch noch vorhanden, noch irgendwie lebendig; sei es auch nur, um die rivalisierenden Fixköter aus der Nachbarschaft anzuführen und zu täuschen. Im hier berichteten Fall hatte der habgierige Knochengräber wahrscheinlich uns im Verdacht. Es konnte ja sein, daß ausgerechnet wir ihm sein Sparguthaben wegstibitzen wollten, um es selber zu verzehren! Bei manchen anderen Welpen, auch bei schon ausgewachsenen Exemplaren, vor allem den in der Stadt gehaltenen Hunden, ist dieser irrtümliche Trieb, den restlichen Knochen zu verstecken und die eigene Wittrung

20

zu verwischen, schon gar nicht mehr vorhanden. Das Sandscharren erstreckt sich auf allenfalls zwei, drei gleichgültige Kratzer, der unterirdische Safe wird offenbar für gänzlich überflüssig gehalten und die Knochentrophäe nur im Körbchen verbuddelt. Wem der Tisch alltäglich, ohne eigene Bemühung, gedeckt wird, der verläßt sich eben sehr bald darauf, daß dies immer der Fall sein wird, und so verlieren die Urinstinkte nachgerade ihren eigentlichen Sinn. Immerhin, das eifersüchtig gehütete Sortiment abgenagter Knochen und Knöchelchen im Hundekorb, anscheinend nur Zeitvertreib und Spielzeug, erinnert möglicherweise noch an jene vorsintflutlichen Zeitläufe des großen Hungers, als die Erde noch wüst und leer war und die wölfischen Vorfahren unserer braven Teckel noch rastlos über öde Steppen schweiften. So tut man Dinge, die nicht der eigenen Erfahrung, vielmehr einer Weisheit entstammen, die nicht selbst erworben wurde.

Abb. 9. »Wann fällt denn jetzt endlich ein Knochen vom Himmel?« (Foto: Annerose Schatter)

Der Raub des zweipfündigen Rinderbratens

Wiederum fiel mir auf, daß es vor allem die eindeutig streitbaren und unverträglichen Kriegsknechte unter meinen Teckeln waren, bei denen diese Urinstinkte sich sehr ausgeprägt bemerkbar machten. Ein kleiner, schwarz-gelber Rüde zum Beispiel:

Dieser Sohn eines mehrfach preisgekrönten »Jagdgebrauchsteckel«-Paares (wie man in der Zunftsprache sagt) mauserte sich ohne jede Zwischenstufe vom Haferschleim- und Milchreisbaby zum fleischfressenden Raubtier, also zum auf Raub ausgehenden Beu-

Abb. 10. Der dreiste Raub des Rinderbratens. (Foto: K. Skogstad)

temacher. Die erste Amtshandlung dieser Art betraf ein etwa zwei Pfund schweres Stück Rinderbraten, das der Metzger auf dem Wochenmarkt an einem zu tief angebrachten Haken aufgehängt hatte. Mein noch winzig kleiner Teckel riß sich los, schnappte den Braten in sehenswertem Sprung, versuchte sich damit aus dem Staub zu machen und konnte nur deshalb sogleich wieder dingfest gemacht werden, weil das Kilo Fleisch leider zu schwer für ihn war und er die eigenen Kräfte wohl doch überschätzt hatte.

Einen offenen Überfall von derartiger Dreistigkeit riskierten meine anderen Jungteckel nie; sie wagten es allenfalls, den Gegenstand ihrer Sehnsüchte zu beschnüffeln oder bei besonders günstigen Umständen zu belekken.

Besagter Teckel-Räuberhauptmann entwikkelte auch bald eine ausgeprägte Vorliebe für »Vergammeltes«, wie man hierzulande für schon in Zersetzung befindliche Lebensmittel sagt. Auch entpuppte sich ausgerechnet dieser verständlicherweise schwer erziehbare Teckelrüde als ungewöhnlich provokant, kampflustig und ewig angriffsbereit. Er wurde zum »Beißer« und hätte eigentlich ständig, schon in frühester Jugend, einen Maulkorb tragen müssen. Selbst aus Spiel wurde alsbald Ernst, und die harmlose Bal-

22

gerei im Hundekorb endete nur gar zu häufig mit blutigen Wunden – bei seinen Gegnern, versteht sich! Während des sogenannten »Schwänzchenspiels« beispielsweise pflegten die ja noch sehr babyhaften Korbgeschwister sich gegenseitig die hinteren Stimmungsbarometer anzuknabbern; aber doch nur sehr vorsichtig, sehr zart, äußerst takt- und rücksichtsvoll, ohne wirklich zuzubeißen. Anders

der fleischfressende Wolfsnachkomme: der biß sogleich, und zwar tiefschürfend zu; sicherlich nicht, um sich eine Extraration Hundeschwanz zu verschaffen, wohl aber, weil der scharfe Zubiß ihm – wurde das Beißorgan überhaupt gebraucht – sehr selbstverständlich war. Wenn schon – denn schon. Für Halbheiten war er nun einmal nicht zu haben.

Der Kampf um den feinen Schuhkarton

Ebenso bezeichnend schien mir der Trieb, immer eine besondere Zuflucht zu besitzen, eine Art von Höhle. Mochte es sich auch nur um den Schuhkarton handeln, den Mutter in der Hundestube deponiert hatte, damit die kleinen Langweiler etwas Interessantes zum Untersuchen und Zerlegen hatten – innerhalb kurzer Zeit verdrängte unser verhandlungsabgeneigter Berserker alle seine Mitbewerber um dieses verlockende Requisit und hockte alsbald selber mittendrin.

Ich persönlich bin geneigt, auch hierin den Trieb des Urteckels oder Urhundes nach der nächtlichen Zuflucht in der Felshöhle, der Steingrotte oder Erdröhre zu sehen – vergleichsweise selbstverständlich. Bei den Wurfgeschwistern überwog zweifellos die Spielfreude auch in diesem Fall. Der Leithund indessen – und das war er sicherlich – benahm sich auch im Spiel, als wäre ständig

sein Leben gefährdet und als gälte es, sich gegen Tod und Teufel durchzusetzen – immer gleich mit scharfem Zahn und reißendem Gebiß.

Abb. 11. Kampf mit dem Besen-Monster. (Foto: K. Schmidt-Duisberg)

Scheue Gefährten

Natürlich gibt es auch fast scheu zu nennende Charaktere in jedem Welpenkorb, Einzelgänger sozusagen, schon von der Anlage her mehr zur Zurückhaltung neigend, die jeder kämpferischen Auseinandersetzung am liebsten aus dem Wege gehen. Fragt sich nur, ob diese Eigenart nun Klugheit und Vorsicht, eine gewisse Lebensuntüchtigkeit oder gar, kraß gesagt, Feigheit bedeutet.

Es ist immer wieder erstaunlich, wie verschieden die einzelnen Welpen des gleichen Wurfes sich entwickeln oder doch entwickeln können. Auch wenn man die unmittelbare Abstammung kennt, ist es doch keinesfalls sicher, daß die auf Grund dieser Abstammung zu erwartenden Eigenschaften sich nun unbedingt auf jedes der Wurfgeschwister übertragen. Mit Rückschlägen, aus einer früheren Blutmischung stammend, ist durchaus zu rechnen. Die geheimnisvolle Willkür der Vererbung überspringt oft mehrere Generationen nicht selten in so weitem zeitlichem Abstand, daß niemand mehr sagen kann, auf welche Kreuzung oder welchen Fehltritt dieses besondere Erbgut nun eigentlich zurückzuführen ist.

Ich hatte einmal ein Teckelpärchen, Bruder und Schwester, die aus einer Zucht stammten, die für jagdliche Eignung, Charakterfestigkeit und Bravour ihrer Teckelstämme bekannt war. Die kleine Rauhhaarschwester bestätigte denn auch, was die Herkunft versprach. Die jagdliche Befähigung war ihr angeboren, ihre Tapferkeit tollkühn bis zur To-

desverachtung – auch bei streitbaren Begegnungen mit den Hunden der nahen und fernen Nachbarschaft. Dabei entwickelte die kleine Artemis oder Diana eine überaus kluge Angriffsstrategie oder Gefechtstaktik; größere Gegner wurden einfach unterlaufen; an Stellen, die ihnen selber unzugänglich waren, an der Wamme zum Beispiel, gepackt und vermittels dieses äußerst schmerzhaften Zugriffs so lange an Ort und Stelle gebannt, bis sie den Mut verloren und den Kampf aufgaben. Oder diese Amazone aus Teckelgeblüt schnappte in blitzschnellem Sprung nach den Lefzen des Enakssohnes, der dreimal größer war als sie, und traf diesen somit ebenfalls an einem seiner Schwachpunkte (seither habe ich den allergrößten Respekt vor den kämpferischen Eigenschaften des anderen Geschlechts.) Ganz entgegengesetzt der Bruder aus dem gleichen Clan. Dieser verkroch sich vor jedem, auch dem unscheinbarsten Besucher, gab in bedrohlichen Situationen, sei es Mensch oder Tier, sogleich Fersengeld und erwies sich auch auf der Jagd als absolut ungelehrig, ja störrisch, als unbrauchbar. Er hetzte lieber auf eigene Faust und verdarb so jede Pirsch.

Man kann eben nie wissen. Tücke und Biedersinn, Feigheit und Draufgängertum, Hysterie und Würde, die echte Leidenschaft und das klägliche Versagen wohnen eng beieinander, auch im Hundekorb.

Der erfahrene Züchter bekommt mit der Zeit natürlich einen Blick auch für die dem flüchtigen Betrachter noch verborgenen Anlagen. Wer nicht selber züchtet, den begehrten Wegbegleiter vielmehr aus dritter Hand, womöglich von außerhalb bezieht, tut daher gut daran, selber an Ort und Stelle zu reisen, um ein Wochenende oder zwei, drei Ferientage auf das Studium der Besonderheiten des in Frage kommenden Exemplars zu verwenden; das mindeste, was man unternehmen sollte, um sich und alle Beteiligten vor Enttäuschungen zu bewahren. Ein Hund, den man zwölf oder mehr Jahre im eigenen Hause beherbergen will, ist ja schließlich keine Ware, die man nach Katalog oder einem flüchtigen Blick ersteht; und wenn die Ausübung des Umtauschrechtes gegebenenfalls auch bitter (nicht nur für den Umgetauschten) ist, so doch für alle Teile auf die Dauer vorteilhaft. Die Liebe auf den ersten Blick hat eben schon zu oft getäuscht, und das bildschöne Aussehen mancher Hunde entspricht durchaus nicht immer jenen inneren Qualitäten, die dieser schönen Äußerlichkeit ja unwillkürlich gleichgesetzt zu werden pflegen. Auch bei uns Menschen ist das ja kaum anders…

Teckel sind eitel

Natürlich kann man viel tun, um die sichtbare Erscheinung auch seiner für Schönheitskonkurrenzen weniger gut geeigneten Krummbeiner in das rechte Licht zu rücken.

Von der Bartkosmetik meiner ausgewachsenen Rauhhaarteckel erzählte ich bereits. Das Kämmen und Striegeln gerade dieses haarigen Auswuchses schien zwar nicht so ganz unbedingt für ihr persönliches Wohlbefinden erforderlich; stand aber der Schnauz-, Schnurr- und Kinnbart so prächtig gesträubt nach allen Seiten hin ab, dann war dieser Anblick für uns als die verantwortlichen Bartputzer jedesmal eine große Genugtuung ob des gelungenen Endergebnisses und höchstwahrscheinlich fühlte auch unser gerade betroffener Frisierkunde sich danach sehr viel wohler; schon allein, weil die Plakkerei nun endlich vorüber war. Überdies sah er sich jetzt im Mittelpunkt der allgemeinen Bewunderung, und dies schmeichelte nun wieder seiner Eitelkeit, die ja auch dem Tekkel keineswegs fremd ist. Er vernimmt Lobsprüche äußerst gern und tut alles, sie möglichst oft zu hören, auch wenn er sich gerade hierdurch unliebsam bemerkbar macht und somit das Gegenteil seiner eigentlichen Absichten bewirkt. Auf Spaziergängen wird einem ja fast stets etwas vorgebuddelt, nur so, auch wenn mit Gewißheit anzunehmen ist, daß hier weder Fuchs noch Dachs, weder Wildkarnickel noch Maulwurf oder auch nur eine mickerige Feldmaus anzutreffen sein dürfte. Es geht eben darum zu zeigen, was

Abb. 12. Teckel sind eitel… (Foto: H. Brozio)

man kann, damit Herrchen die Verdienste seines tüchtigen Begleiters auch zu würdigen weiß und dementsprechend belobt. Oder es werden, sofern es sich um Stadtteckel handelt, die fahrenden Straßenbahnen, Autos, Radler, Kinderwagen, Briefträger, Polizisten angebellt, überhaupt alles, was Uniform trägt oder sonst irgendwie auffällig bekleidet ist; ebenfalls »nur so«, um darzutun, wie fein man sein Handwerk, das des Bellens, versteht. Der Anerkennung heischende Blick zeigt zwar Eitelkeit und Prahlerei, aber durchaus kein schlechtes Gewissen. All dies gehört sich natürlich nicht und will uns ganz und gar nicht gefallen, zumal die Leute uns jetzt womöglich schlechte Erziehung (sowohl des Hundes als auch in bezug auf unsere eigene Kinderstube) nachsagen. Aber wer bringt es schon übers Herz, der rührenden Angeberei und überquellenden Lebenslust seines kleinen Hundefreundes mit pädagogischen Vorhaltungen zu begegnen?

Sie schauspielern gern

Um auf besagte Schönheitskonkurrenz zurückzukommen: Ein Hochgenuß für uns Kinder – weniger freilich für die Teckelwelpen – war es allemal, wenn die lausige kleine Sippschaft am Samstag in die Badestube befördert und dort gründlich gekämmt, gebürstet, zuweilen auch pediküt wurde. Kämmen war zwar der alltägliche schöne Brauch, jeweils ein paarmal mit dem Hundekamm hin und her, mal mit dem Strich, mal dagegen; absolute Gründlichkeit war dagegen nur samstags angesagt.

Dieses aufregende Ereignis fand immer kurz vor unserer eigenen, samstäglichen Säuberungsexekution statt, zum Troste gewissermaßen, da auch wir die allwöchentliche Schrubberprozedur ungern sahen. Vermutlich spielte sogar ein wenig Schadenfreude mit, zumal uns ja nicht entging, wie unentwegt unsere kleinen Leidensgenossen sich zu drücken und immer wieder stillheimlich-leise fortzustehlen suchten.

Überhaupt: die edle Kunst der Schauspielerei! Darin gebührt dem Geschlecht der Tekkel wohl zweifellos die Krone, der Lorbeerkranz oder der Oscar (für die talentierteste Leistung). Was dieses glutvolle Auge an Zuneigung, Mißtrauen, Verdrießlichkeit, Verdacht, Vorwurf, Empörung, Schalk, Schelmerei, gespielter Unschuld und echtem Gekränktsein, flehentlicher Bitte und innigem Dank, unwiderstehlicher Verführung (zum Ausgehen etwa) und zärtlicher Liebe auf die Bretter zu stellen vermag, sucht wahrhaftig seinesgleichen und kommt der menschlichen Gefühlsempfindung schon sehr, sehr nahe. Selbst die Pudel, deren Klugheit und Verständnis doch so gerühmt werden, halten diesem Vergleich, was Schmelz und Beredsamkeit des Blickes anbelangt, kaum stand. Ihr Auge ist und bleibt eben das Tierauge; intelligent, gewiß; über die rein sinnliche Wahrnehmung hinaus am Auge des Menschenfreundes hängend, aber dennoch irgendwie jenseits der unüberbrückbaren Distanz, die nun einmal zwischen die bewußten und unbewußten Geschöpfe dieser Erde gesetzt ist. Auch die Schäferhunde, um deren Treue (und treues Auge) wir wissen, wären einem mimischen Wettbewerb mit dem Tekkel, ausgerechnet einem der kleinsten, noch dazu krummbeinigsten ihrer hündischen Verwandtschaft, nicht gewachsen. Allenfalls die Spaniels mit ihrem seelenvollen Blick. Doch drückt das Auge des Spaniels eigentlich immer nur Wehmut, Bekümmerung und Melancholie aus, dies allerdings in sämtlichen, nur irgendwie empfind- und beschreibbaren Schattierungen. Das eigentliche Temperament aber, wie es aus den nicht minder seelenvollen Teckelaugen blitzt, strahlt, flammt, jauchzt, grollt, klagt oder lästert, geht dieser ziemlich phlegmatischen Sorte und ihrem Ausdrucksvermögen irgendwie ab. Dasjenige des Teckels indessen – dem vom eingekreuzten Spaniel immerhin ein Tröpfchen Melancholie (als zuweilen durchaus nutzbare Maske des Kummers) beigemischt ist,

kommt dem des Menschenauges schon sehr viel näher. Es umfaßt schier alle, noch so unwägbaren Bereiche der stummen Zwiesprache. »Lieder ohne Worte«, wenn man so sagen darf.

Ist schon die Anhänglichkeit der Hunde dem Menschen gegenüber ein Wunder, das vermutlich Jahrzehntausende zu seiner Vollendung brauchte, so wird dieses Wunder zum Rätsel der Schöpfung, wenn wir plötzlich entdecken, daß hier ein Tier den gleichen Empfindungen fast den gleichen Ausdruck zu geben vermag wie wir; (daß es tatsächlich die gleichen Empfindungen sind, dafür zeugt ja der zugrunde liegende Vorgang.) Ich habe nie bezweifelt und bezweifle auch heute nicht, daß meine Hunde – nicht alle –, insbesondere aber meine Teckel, nicht nur Gemütsbewegungen unterlagen, die den unseren gleichen, sondern diese auch (und das ist das allererstaunlichste) vorsätzlich, absichtlich, spielerisch vorzutäuschen in der Lage waren. Eben das, was den Schauspieler charakterisiert; nicht gerade den besten, der ja kaum Mimik braucht, aber doch einen, der seine Rolle gelernt hat und sein Handwerk versteht. Hier freilich verliert der wölfische Ursprung nun wieder an Gewicht – es liegen eben doch Jahrhunderttausende oder gar Jahrmillionen zwischen einst und jetzt.

»Der nächste Künstler, bitte!«

Wieder einmal eine Vorstellung in der Badestube also.

Es ist eben unerläßlich, den schon recht dicht gewachsenen Balg von Zeit zu Zeit, am besten regelmäßig, zu durchforsten. Die Hautzellen werden angeregt, die Durchblutung gefördert und, nicht zuletzt, der Haarbesatz geschmeidig und glänzend erhalten. Das seidige Schimmern des Pelzes, auch beim Rauhhaar, beweist, wie jeder Tierarzt bestätigen wird, richtige Ernährung, seelische Ausgeglichenheit und Lebenslust; zu welchem Befund eben auch die Sauberkeit, auch als Ergebnis des Kämmens, gehört.

Bleibt das Haar stumpf und trocken, so stimmt irgend etwas nicht; und handle es sich auch nur um den Mangel an Pflege. Dieser Mangel aber wirkt sich wieder auf jene inneren Befunde aus, eins greift ins andere – und eben deshalb stand die sonnabendliche Striegelei auf dem Programm.

Die Pediküre wiederum bezog sich auf die möglicherweise allzu lang gewordenen Krallen, namentlich auch auf die geheimnisvolle (weil seit Hundegedenken nicht mehr in Gebrauch befindliche) rückseits gegenübergestellte, sogenannte Sporn- oder Afterzehe. Dieses überzählig gewordene Organ wuchert

Abb. 13. »In meiner Badewanne bin ich Kapitän …« (Foto: W. Dorn)

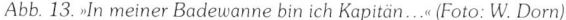

leicht, wenn man nicht ständig acht gibt, und wächst womöglich ins Fleisch. In der Regel schleift das Horn der Krallen sich ja von selber ab, schon durch die fortwährende Berührung mit dem Erdboden oder dem Straßenpflaster während des Auslaufs. Bei jungen Hunden, die nicht genügend Bewegung haben, wie es in der Stadtwohnung leider häufig der Fall ist, kommt es aber nicht selten zu solchen, oft erst reichlich spät festgestellten Behinderungen. Die Stellung der Zehen wird durch schief gewachsene Nägel verändert und die Pfote unter Umständen (wie bei zu engen Schuhen) deformiert; oder die Kralle wächst ein, wie man sagt, und verursacht Entzündungen und Abszesse.

Austreibung der Flohgeschwader

Und schließlich ging es ja auch um die Entlausung oder besser: Entflohung. Sie war zwar sicher nicht allwöchentlich geboten, aber doch von Zeit zu Zeit unerläßlich. Woher dieser vermaledeite Hundefloh überhaupt Eingang in unser gepflegtes Teckelob-

dach finden konnte, und zwar gleich in so gewaltigen Armeen, blieb rätselhaft. Genug: irgendeines Tages war es mal wieder soweit, und der Feind kam ins Land.

Mutter tat immer ganz entsetzt, wenn erst der eine, dann der andere, zuletzt alle unsere kleinen Teckelbälger sich in pausenlosen Juck- und Kratzprozeduren ergingen, und sah Vater (als den immer und für alles Verantwortlichen) vorwurfsvoll an. Dieser indessen vertrat mit Nachdruck die Meinung, daß unsere nachahmungsbegierige Sippschaft nur mal wieder einem gewissermaßen manischen Trieb, einer Art hysterischen Epidemie unterlag, und erging sich in beredten Worten der nachhaltigsten Wirkung des vor geraumem verordneten Entflohungsmittels. Dann

Abb. 14. »Nur wegen meines weißen Bartes brauchen Sie mich noch lange nicht Weihnachtsmann zu nennen.« (Foto: Annerose Schatter)

aber nahm der Kratzskandal Ausmaße an, die nicht mehr erträglich schienen, weder für die Juckbesessenen selber noch für uns als die Zuschauer und Zuhörer dieser Qual, und der Sache mußte – buchstäblich – auf den Grund gegangen werden. Bei einigen dieser so bedauernswert Befallenen führte der Juckreiz bereits zu den unvorstellbarsten Verrenkungen, die gelegentlich sogar das plötzliche Umkippen des solcherart aus dem Gleichgewicht geratenen Plumpsacks bewirkten. Andere wieder erlagen einer schon weit bedenklicheren, sagen wir auch diesmal »Besessenheit« – wobei im Augenblick nicht so sehr an die Besitzergreifung durch die Flohschwadronen gedacht wird, als vielmehr an die schier willenlose Entrückung, mit der die Juck- und Kratzheinis ihrem heidnischen Kulte oblagen: starren Blicks und voll stierer Hingabe, bei unentwegt, in rasender Geschwindigkeit auf und ab, hin und her schwengelnden Gliedmaßen.

Dann also war es höchste Zeit, abermals eine Flohentziehungskur anzusetzen.

Wir stellten oder legten den gerade an der Reihe befindlichen Entlausungsanwärter auf einen Bogen Packpapier, um einen ins Auge springenden Überblick über das Resultat zu gewinnen und die Menge der mausetot aus dem Fell fallenden Quälgeister zählen zu können. Auf dem Papier lagen sie mit der Zeit samt und sonders so schön beieinander, und je mehr davon, desto befriedigender für alle (mit Ausnahme natürlich der Flöhe!).

Es war für uns Kinder immer eine Extravorstellung, zu beobachten, wie das vom Untergang bedrohte Ungeziefervolk sich mit fortschreitender Einpuderung in die unzugänglichsten Regionen des Teckelpelzes zurückzog, in ihre letzte Verschanzung sozusagen. Ja, man konnte die Fluchtwege der äußerst gerissen operierenden Flohkämpen zwischen den Haaren genau verfolgen. Zuletzt wimmelte es nur so vom Rest der Versprengten: unter dem Schwanz und dem Kinn, auf dem Wirbel am Kopf und zwischen den Gelenken; ein Zustand höchster Unannehmlichkeit freilich für den armen Betroffenen. Bis das letzte Durchkämmen auch die letzten Widerständler auf das Packpapier purzeln ließ und somit reiner Tisch (sprich: reines Fell) gemacht worden war. Anschließend besahen sich die Geläuterten jene infamen Pieksgnome, die sie ja noch nie zuvor erblickt hatten. Mit hohem Interesse, viel Sachverstand und grimmer Genugtuung wurde die Jagdbeute vorsichtig beschnüffelt, dann aber mit allen Anzeichen des Widerwillens und einer erhabenen Verachtung links liegengelassen.

Die Ruhe im Hause nach dieser Roßkur war bemerkenswert, wohltuend allerseits. Unsere Teckel lagen, nachdem sie sich den Insektenpulverrest mit Kunst und Eifer anhaltend aus dem Balg geschüttelt und die unvermeidlich hiermit verbundenen Niesanfälle glücklich überstanden hatten, erlöst und befreit, sich genüßlich leckend, in ihrem Körbchen, ganz Wohlbehagen und Befriedigung; dann und wann, wenn mich nicht alles täuscht, sogar dankbar zu uns, den Befreiern, aufblickend. Aber auch wir atmeten auf, da nun die Pein der Juckbesessenheit wieder einmal hinter uns lag.

Puder gefällig?

Übrigens reiben auch kleine Teckelbabys sich gelegentlich wund, zumal sie oft in den schier unmöglichsten, geradezu akrobatischen Stellungen angetroffen werden: die Gliedmaßen auf die vertrackteste Weise verknäuelt, die (noch weichen) Gelenke fast ausgekugelt.

Jeder der jugendlichen »Schlangenteckel«

versucht, den schönsten Schlafplatz zu ergattern. Aber auch diese Pause in der Nickerchen-Rangliste ist nicht etwa endgültig. Wer derzeit als Sieger auf dem Häuflein seiner (buchstäblich) »unterworfenen« Teckelgeschwister thront, kann demnächst wieder abrutschen oder verdrängt werden, und an seine Stelle tritt (oder rutscht) der zur Zeit

Abb. 15. Der Sieger liegt obenauf. (Foto: W. Dorn)

noch unterlegene Rivale. Dabei geht es natürlich nicht immer ohne mehr oder weniger unangenehme Blessuren ab, verursacht teils durch verärgerten Zubiß, teils durch eher unbeabsichtigte Ritscher und Ratscher. Vielleicht haben jene zirzensischen Verrenkungen auch zu einer übermäßigen Dehnung der bei Teckelwelpen allerdings ziemlich geräumigen, auf Zuwachs berechneten Hauthülle geführt, vor allem am Ansatz der Extremitäten. Diesen Schaden wieder einzurenken oder zu lindern, fand denn auch stets

(im jeweils vorletzten Akt des Badezimmerdramas) die Puderquaste Anwendung. Dieser allerletzte, allgemein als hocherfreulich begrüßte Auftritt wurde dann regelmäßig von der Ausgabe und dem (rührend ahnungslosen) Entgegennehmen der Belohnung begleitet, und zwar für braves Erdulden der Säuberungskalamitäten: die vorbeugende oder heilende Tablette gegen die Wurmplage nämlich, angenehm süß. Ein Akt der schönen Täuschung freilich, da der Zuckergeschmack ja nur zur Tarnung dient.

Stadt- oder Landteckel – das ist ein Unterschied

Wer auf dem Lande lebt und den oder die von ihm gehaltenen Teckel in unmittelbarer Nachbarschaft der freien Wildbahn aufwachsen lassen kann, wundert sich vielleicht über all die vorstehend beschriebenen Mühen oder gar Sperenzchen, die der Teckelfreund in der Stadt aufwendet oder aufwenden muß, um seinen in so ganz andere Verhältnisse verschlagenen Hund bei guter Gesundheit und Laune zu halten. Die Begriffe der Verweichlichung, Verzärtelung und unziemlichen Abhängigkeit des Herrn von seinem Hund – statt umgekehrt – drängen sich auf. Der Landteckel ist zwar nicht weniger, sagen wir »selbstherrlich« als sein städtischer Kollege, doch bewahrt die natürliche Umgebung ihn vor charakterlichen Veränderungen, die beim allzu liebevoll verwöhnten »Etagenteckel« gerade deswegen Platz greifen oder greifen können, weil der Mangel des eigentlichen Lebenselements, der Natur, nach Ausgleich oder Ersatz verlangt. Ich glaube zum Beispiel nicht, daß ein Försterteckel, bei allem Spieltrieb, sich mehr als nur vorübergehend für abgelegte Schuhkartons zu begeistern vermag, mögen diese auch noch so schön nach Leder, also Fell oder Balg, duften. Er hat diesen Duft ja aus erster Hand. Die Ablenkung durch die landeigentümlichen Vorgänge ist jedenfalls umfassend genug, um jene, sagen wir »Launenhaftigkeit«, zuweilen sogar Hysterie, gar nicht erst

Abb. 16. Wenn schon kein Hasenbalg – ein Turn-schuh duftet auch herrlich und eignet sich obendrein hervorragend zum Nagen ... (Foto: Annerose Schatter)

aufkommen zu lassen, der die Stadtteckel oftmals unterliegen, bedingt durch den Verlust des ursprünglichen Daseinsbereiches und die hieraus bewirkte Unerfülltheit oder Langeweile. Die Wittrung von Wald, Wiese, Stoppelfeld, die balsamischen Düfte der stillen Sternennacht, der Mond über den Bäumen, die Vorfreuden der Jagd, vor allem aber diese selbst, auch die Nachbarschaft des anderen Hausgetiers, Pferd, Kuh, Ziege, Schwein, der quiekenden Ferkelchen, die man so herrlich zwischen den Koben hin und her hetzen kann, des dummen Geflügels, dem man auf die gleiche Weise bange macht – das sind eben Freuden, die schon sehr nahe am Teckelparadies gedeihen, und deren Nichtvorhandensein der Vertreibung aus dem Garten Eden beinahe gleichkommt.

Und doch täuscht der Vergleich, und zwar dann, wenn der »Etagenteckel« aus einem Zwinger stammt, der schon seit vielen Tekkelgenerationen für den stadtgebundenen Abnehmer züchtet. Auch hier macht sich, im Laufe der Hundegeschlechter, eine Art von Anpassung bemerkbar. Die stadteigentümlichen Verhältnisse wecken Anteilnahme und helfen dazu, die ursprünglichen Leidenschaften zu verdrängen. Analog etwa gewissen, zu Standvögeln gewordenen Zugvögeln. Sie ziehen nicht mehr, und sogar ihr sonst so schmelzendes Lied, das der Amseln etwa, nimmt zuweilen höchst unmelodische Motive auf, die ihm aus dem städtischen Milieu zuwachsen: das Bremsgeräusch der Straßenbahnen, das Quietschen der Autoreifen oder den gellenden Pfiff der Fabriksirenen. So gibt es Beispiele genug dafür, daß Stadtteckel – wir haben hier offenbar, ohne es zu wollen, eine in der Zoologie noch nicht eingeordnete Spezies aufs Tapet gebracht – sich so sehr der städtischen Umgebung angepaßt haben: von hier aus in die ländliche Provinz zurückverkauft, wandern sie, sofern schon ausgewachsen und eingewöhnt, Dutzende, ja Hunderte von Kilometern zu ihrem Stadtherrn zurück; nicht nur ein Beweis für die Macht der Gewohnheit – ein sehr rührendes Beispiel von Treue obendrein. Die gleiche Erfahrung ergibt sich aber auch im umgekehrten Fall: ländliche Teckel, in die Stadt verkauft, machen sich bei allernächster Gelegenheit ebenfalls auf die Socken, um heimzukehren (wobei in allen Fällen die Orientierungsgabe, ein anscheinend zusätzlicher Sinn, bemerkenswert ist). Diese von übermächtigem Heimweh getriebenen Krummbeiner wandern ja einen ihnen völlig unbekannten, nie zuvor begangenen Weg – und kommen dennoch zu Hause an.

Eines Tages liegen sie staubverkrustet, mit hartgewordenen und verfilzten Lehmbrocken unter dem zarten Bäuchlein, zu schwach zum Bellen, nur mehr kläglich winselnd – und dennoch glücklich – mit wundgelaufenen Pfötchen auf der Matte vor der Tür. (Sie werden nun hoffentlich nie wieder verstoßen und in die Fremde verkauft!)

Insofern tut der städtische Hundefreund gut daran, seinen Teckel nicht gerade aus einem »Jagdgebrauchsteckel-Zwinger« zu beziehen. Dies wäre, bei ausschließlich auf die Pirsch hin gezüchteten Exemplaren, zweifellos eine Tragödie für den Zwangsverschleppten, auch wenn ihn in der Stadt ein Garten erwarten sollte. Doch rate ich von der Tekkelhaltung in städtischen Wohnungen keineswegs grundsätzlich ab, empfehle aber, wie gesagt, den Besuch eines Zwingers, der sich den urbanen Verhältnissen bereits angepaßt hat. Der Verzicht auf die Gesellschaft dieser so besonders liebenswerten Hunderasse wäre zu bitter für den selber der Natur schon so sehr entfremdeten Städter.

Abb. 17. Diese zwei gehören wohl eher zur Sorte »Stadtteckel«. (Foto: Annerose Schatter)

So etwas wie Hysterie

Freilich sollte man von Anfang an auf eine konsequente Erziehung sehen. Läßt man Unarten passieren, ohne sogleich auf Abstellung zu dringen, ist es leicht zu spät, und gerade hieraus können sich dann mit der Zeit üble Gewohnheiten, wenn nicht gar Hysterie entwickeln.

Einer meiner Teckel, draußen vor dem Schlachterladen angebunden, neigte dazu, ein zunächst klagend-vorwurfsvolles, dann ultimativ forderndes Gewinsel und Gejaul anzustimmen, um auf diese unüberhörbare Weise das alsbaldige Wiedererscheinen seiner Herrschaft herbeizuführen, die im Laden verschwunden war. Es gelang uns zwar, dieses schlechte Benehmen durch guten Zuspruch sozusagen in der Kehle zu ersticken; dann aber hatten wir eine Hausgehilfin, die den Einkauf besorgte. Diese achtete nicht auf den sogleich wieder einsetzenden Mißstand, und von nun an schien alles vergebens. Der kleine Lümmel, mit feinem Sinn für die Unterschiede in der Befehlsgewalt begabt, respektierte das brave Fräulein eben nicht. Das Gejaul war nicht wieder auszutreiben und zwang dazu, den Hund zu Hause zu lassen. Aber auch das Zuhauselassen hat, bei gar zu verwöhnten Teckeln, seine Nachteile. Das gleiche Charakterhündchen duldete es einfach nicht, daß wir ausgingen, ohne es mitzunehmen. Kaum setzte man den Fuß vor die Tür, ging das Gezeter auch schon los. Wir mußten umkehren und mit schrecklicher Strafe drohen. Später wartete der gerissene

Filou, bis die untere Treppenhaustür hörbar ins Schloß fiel und fing erst jetzt mit dem Jaulkonzert an. Nachbarn beschwerten sich hinterher, und es blieb nichts anderes übrig, als sich im Ausgehen abzulösen. Einer von uns mußte stets, als Babysitter gewissermaßen, Posten stehen. Mit dem gemeinsamen Besuch von Kino, Theater, Konzert oder Freunden war es jedenfalls vorbei.

Das sind natürlich Dinge und Zustände, die man gar nicht erst einreißen lassen darf, will man seines Lebens (mit Hunden) überhaupt noch einigermaßen froh werden.

Ernüchternde Beispiele dafür, wie sehr manche Hundefreunde in eine beinahe schon unwürdig zu nennende Abhängigkeit von ihren tierischen Hausgenossen geraten, gibt es mehr als genug.

Zu bedenken ist allerdings, daß namentlich Teckelhündinnen edler Herkunft oft außerordentlich empfindsam veranlagt sind und ihre nervöse Sensibilität sich, durch zu starkes Miterleben, nicht selten ins Maßlose steigert. Dies kann sowohl aus freudigem wie schmerzlichem Anlaß geschehen, und die völlige seelische Hingabe an ein solches, möglicherweise durchaus alltägliches Erleben sprengt dann zuweilen die normale Empfindungsreaktion. Schon das Entzücken über die abendliche Heimkehr des frühmorgens (also vor langer, langer Hundezeit) aus dem Hause gegangenen Herrn schlägt gelegentlich in eine Art hektischen Jubels um, der gar nicht wieder aufhören will. Bereits an der

Abb. 18. »He, das gibt's nicht – ohne mich weggehen!« (Foto: Annerose Schatter)

Haustür empfängt uns das begeisterte Gebell. Der hochbeglückte Hund gerät ganz
außer sich vor Wiedersehenswonne – und
unversehens ist es dann soweit: Das Bellen
wird zum Jaulen und ist durch kein Zureden,
keine Begütigung, kein Streicheln, kein
Mahnwort, keine Schelte wieder zu bremsen.
Es kann dies sehr rührend, aber auch sehr lä-

stig sein, insbesondere natürlich für die ja meist ebenfalls sehr empfindsame menschliche Nachbarschaft, vornehmlich in Etagenhäusern. Oder da ist – siehe oben – der Schmerz und die Trauer, auch der Trotz, wenn der kleine Kerl nicht mit »aus« genommen werden kann und aus irgendwelchen, sicher zwingenden Gründen allein zurückbleiben muß. Er singt dann eben sein – nicht enden wollendes – Klagelied; gleichfalls zur, gelinde gesagt, »Verstimmung« der werten Mitbewohner – denen es übrigens recht gleichgültig sein dürfte, ob nun Freude oder Kummer die Anlässe dieses auf alle Fälle als erhebliche Belästigung anzusehenden Konzertes waren. Für den so überaus aufnahmefähigen Hund sind eben beide Ursachen ein seelisches Erlebnis, mit dem er irgendwie nicht fertig wird, und nun kippt ihm die Stimme über. Die Steigerung dieser Erlebnisintensität in die Bereiche des Hysterischen hinein liegt dann gefährlich nahe. Freude, Trauer, Eigensinn, Trotz, alle diese an sich durchaus normalen Zustände, neigen eben

Abb. 19. »Nicht unter den Achseln, da bin ich kitzlig!« (Foto: W. Dorn)

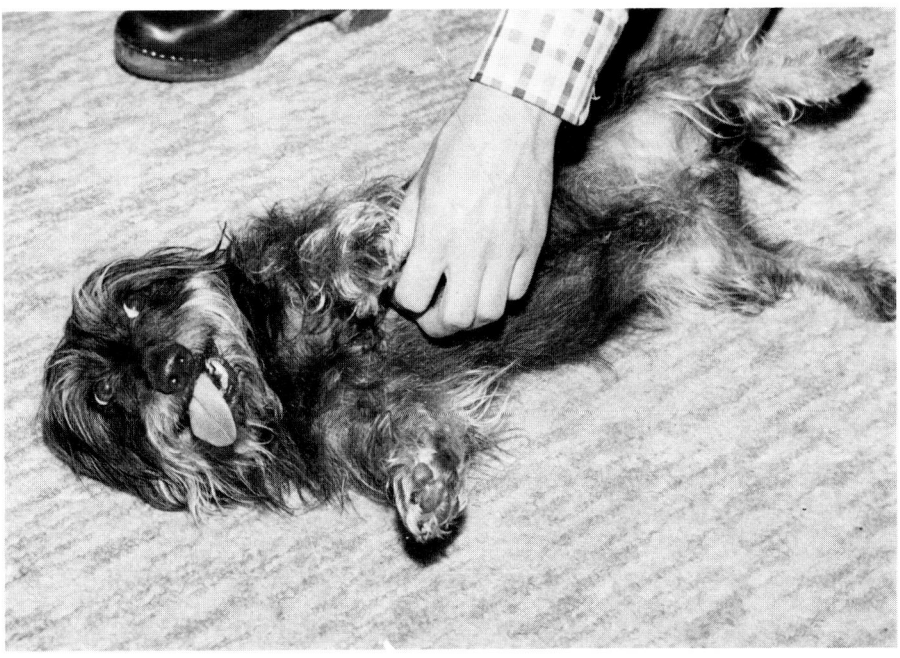

unter gewissen Umständen zu einer schon als krankhaft zu bezeichnenden Entartung. Hierher gehört auch das klassische Beispiel der Hündin, die an baldigen Welpensegen glaubt, ohne daß dies den realen Tatsachen entspricht. Sie trifft alle jene Vorbereitungen, die das Muttertier auch, und gerade das wild lebende, in solchen Fällen zu treffen pflegt, hier also unter souveräner Nichtachtung der menschlichen Hilfsbereitschaft, die sogar feindselig abgelehnt wird. Der gewohnte Hundekorb genügt zum Beispiel nicht mehr.

Man wünscht offenbar »ein Dach über dem Kopf« und verkriecht sich, nachdem der Versuch, einen unterirdischen »Bau« durch die Fußbodendielen zu buddeln, gescheitert ist, an die unmöglichsten, keinesfalls zweckentsprechenden Zufluchtsorte: unter einen Schrank etwa oder einen abseits stehenden viel zu hochbeinigen, jedermanns Auge freigegebenen Tisch; wahrscheinlich, um wenigstens die Illusion der urtümlichen Erdhöhle oder Buddelgrube zu haben, aber auch, um neugierige Blicke abzudecken. Die

Abb. 20. »Ich weiß gar nicht, was die Menschen an so einem Knautschsessel bequem finden. Da kann man sich noch nicht mal richtig zusammenrollen.« (Foto: J. Fischler)

Körperfunktionen stellen sich auf diese Bereitschaft ein, und am Ende entsteht tatsächlich der Eindruck eines unmittelbar bevorstehenden Wurfes.

Wie es zu dieser Art von Einbildung kommt, ist nach wie vor rätselhaft und nur mit der zugleich alles und nichts sagenden Diagnose »Hysterie« zu umschreiben. Erstaunlich, ja unheimlich hieran: die so sichtbar in Erscheinung tretende Beziehung zwischen seelischem Vorgang und körperlicher Veränderung, da ja die korporale Verwandlung nicht organisch bedingt ist. Sicherlich bestehen, ganz allgemein gesprochen, Wechselwirkungen zwischen Seele und Leib. Wo die seelische Verfassung den Körper aber sogar zu Metamorphosen veranlaßt, die eigentlich nur durch biologische Einwirkung zustande kommen können, da allerdings offenbart sich wieder einmal das Geheimnis, die Kraft und die Macht auch der Tierseele, die ja selber kein anatomisches Organ, nicht faßbar, nicht zu identifizieren, geschweige denn zu sezieren ist.

Man kann im Falle einer sich irrtümlich Mutter dünkenden Teckelhündin nichts anderes tun, als auf diesen Zustand Rücksicht zu nehmen und derart darauf einzugehen, als glaube man selbst daran; um so eher klingt die Verirrung wieder ab. Harte Worte, Ermahnungen auf Abstellung des hysterischen Verhaltens sind um so weniger angebracht, als es sich hier zumeist um – wie ja das Geschehnis als solches lehrt – überaus erlebensfähige, also an und für sich wertvolle Hunde handelt, die, zu normalen Zeiten, auf das innigste am Leben der menschlichen Familie teilnehmen.

Teckelfreunde lieben das Abenteuer

Gerade das ist es, was die Beziehung des Menschen zum Hund (und umgekehrt) charakterisiert, was dem wechselseitigen Verhältnis eine Bedeutung über die Befehls- und Gehorchensregion hinaus, ja, den Anstand und die Würde einer auf Treue, Anteilnahme, Verläßlichkeit, Beistand beruhenden Daseinsnachbarschaft verleiht.

Indem der vorzeitliche Jäger sich den ersten Wolfs-Hund abrichtete, mutmaßlich einen Welpen, den das Rudel aus irgendwelchen Gründen hilflos zurückgelassen hatte, gewann das Leben dieser frühen Menschen rein äußerlich an Format. Die bislang auf das unmittelbare Erlegen des Wildes abgestellte, ohne Spürhund und ohne Nachsuche in der Wildnis ausgeübte Jagd weitete sich aus und vermittelte der menschlichen Existenz jenes urweltlichen Zeitalters die Möglichkeit zumindest des Überdauerns. Durch Mitwirkung des Hundes wurde die Ausbeute der jägerischen Streifzüge bereichert und erleichtert.

Abb. 21. Der Späher. (Foto: W. Dorn)

Sie hob über den Zwang des reinen Notbedarfs hinaus und gab somit Energien frei, die sich nunmehr – in sehr langen Zeiträumen allerdings – auf nicht mehr ganz so primitive Ziele zu richten vermochten.

Daß schon der Primitive seinen tierischen Bundesgenossen, weniger vielleicht aus der Moral des Dankes als der Überlegung des Zweckmäßigen heraus, geschätzt und demgemäß behandelt, ihm auch Platz am Feuer in der Höhle gegeben hat, liegt in der Natur der Dinge; dort jedenfalls, wo das eigentliche Lebenselement die Jagd war. Dies änderte sich möglicherweise mit dem Aufkommen der Feldbestellung. Hier verlor die Wertschätzung des Hundes – wie sich noch heute bei ackerbautreibenden Volksstämmen noch unerschlossener Länder beobachten läßt – allmählich wieder an Gewicht.

Wieso sich freilich auch heute noch eine Unterteilung des weder jagenden noch feldbestellenden Publikums in hundefreundliche und hundeabgeneigte Sphären feststellen läßt, ist schwer zu sagen. Daß dies der Fall ist, erlebt man ja bei so mancher Gelegenheit. Wenn wiederum die Neigung zum Hund gerade in einer großen Stadt verhältnismäßig stark vertreten ist, dann läßt dies vielleicht den Schluß zu, daß gerade der städtische Mensch, oft ohne sich dessen wirklich be-

41

wußt zu sein, dem Verlust der nahen Berührung mit natürlichen Dingen nachtrauert. Der Hund im Hause gibt ihm wenigstens einen Teil dieser verlorengegangenen Bindung zurück. Ja, ich gehe soweit in meiner (freilich

Abb. 22. Ob im Sand, Mauseloch oder Kaninchenbau – buddeln ist das höchste Vergnügen! (Foto: D. Mahler)

nie beweisbaren) Vermutung: Es lebt noch ein Abglanz des jägerischen Ursprungs in allen denen, die sich ihr Heim ohne Hund gar nicht vorstellen können. Wenn Sie, verehrter Leser, meiner kühnen Phantasie folgen mögen, dann führt die Ahnenreihe des heutigen Hundefreundes – in sehr ferner Vergangenheit – auf den Stammesverband des vorzeitlichen Jägers zurück. Die dem Hunde abgeneigt oder gleichgültig gegenüberstehenden Zeitgenossen und Zeitgenossinnen sind aber sicherlich einer ehedem ackerbautreibenden, der Jagd und dem damit verbundenen Abenteuer schon früh entfremdeten Sippe entsprossen.

Insofern freilich gehört auch die Einstellung des Menschen zum Hunde der Kulturgeschichte an. Die Ablehnung des sein kleines, großes Herz so rückhaltlos dem Menschen darbringenden Hundes (wesentlich etwa aus dem Grunde, weil er Schmutz in die Wohnung trägt, namentlich bei Nässe, nicht immer sehr gut riecht, Haare auf Röcken, Hosen, Sesseln hinterläßt, mit seiner feuchten Schnauze viele Gebrauchsgegenstände sozusagen unappetitlich anrührt –, Einwendungen, die man ja immer wieder zu hören bekommt) hat mit dem intimeren Begriff kultivierten Lebens doch wohl recht wenig zu tun. Dieser beginnt sicherlich erst und gerade dort, wo die Harmonie der großen Lebenszusammenhänge noch oder wieder fühlbar ist. Hierher gehört nicht zuletzt die Duldung und Anerkennung auch des (vermeintlich) unterlegenen Geschöpfes; dies um so mehr, als gerade der Hund dem Menschen von alters her gefühlsmäßig näher steht als, mit

Ausnahme etwa des Pferdes, die Zoologie insgesamt.

Hier gebührt dem Teckel, der Hauptperson unseres Buches, nun freilich ein besonderer Vermerk.

Die schillernde Vielfalt seines Charakters, seines Gebarens, seiner Eigenheiten, seines Humors, seines Spieltriebs, seiner Anhänglichkeit, seines Mutes ist es ja gerade, die ausgerechnet dieses krummbeinige Langohr mit dem spitzbübischen Blick zu einem der Lieblingsvasallen so vieler Familien gemacht hat. Und wie sehr dankt uns doch dieser unentwegt treue, stets anteilnehmende Hausgenosse die ihm entgegengebrachte Gunst – trotz aller Neigung zu Unart, Ungehorsam, Verdrießlichkeit (im Alter), Durchtriebenheit und Angeberei!

Der Teckel gehört zur Familie

Alle meine Teckel, fast ohne Ausnahme, zählten irgendwie zur Familie. Mit geradezu inniger Hingabe beteiligten sie sich an allen Ereignissen unserer Häuslichkeit, mochten diese nun freudiger oder unerfreulicher Natur sein. Sie begeisterten sich wie kaum ein anderer, wenn man nach Hause kam, sie schauten tiefbetrübt drein, wenn man ging, sie bekamen unweigerlich den großen Drehwurm und rasten unaufhaltsam, fröhlich jiffend, um uns herum, wenn sie spürten, daß man guter Laune war; oder sie legten uns, Kümmernisse ahnend, das bärtige Köpfchen auf den Schoß und versuchten unsere Hand zu lecken, um auf diese sehr rührende Weise zu trösten. War Besuch zu erwarten – was sich ja schon darin ankündigte, daß auch der vierbeinige Empfangschef und Türportier gekämmt, gebürstet, gestriegelt, gebügelt und zu gutem Benehmen ermahnt wurde, also nicht nur die Kinder –, schien unser Teckel genauso erwartungsvoll gespannt wie wir selber. Er wuchs sozusagen in die Rolle des Mit-Gastgebers hinein, raste alle naselang, wenn die Treppenstufen knarrten, an die Haustür, horchte mit schiefem Kopf und schnüffelte durch die Ritzen. Dann wieder trabte der zunehmend Ungeduldige in das Zimmer zurück und hopste zunächst auf den Stuhl, von dort auf die Fensterbank, um Ausblick nach den Säumigen zu halten. War es dann endlich soweit, läutete die Türglocke und trat der Besuch in greifbare Erscheinung, genoß der brave kleine Anteilnehmer die abwechslungsreiche Begebenheit mit allen Sinnen und jedem Zentimeter seines, für die ganze Dauer dieses Besuches angeregt hochgestellten Schwänzleins, diesem untrüglichen Künder seines jeweiligen Gemütszustandes. Die Unterhaltung zwischen den Gästen wurde mit emsiger Beflissenheit von seiten eben dieses

43

Schwänzleins begleitet. Entweder, wenn das Gespräch sich in den üblichen Bahnen bewegte, wedelte das stumm beredte Organ wohlwollend-duldsam auf dem Teppich hin und her; sobald man aber lachte oder sich sonstwie ereiferte, trommelte es Beifall zu ebener Erde. Die klugen Äuglein wanderten im Kreise umher, jeweils dem zugekehrt, der gerade das Wort führte; doch stets mit einem irgendwie fragenden, von geheimem Einverständnis kündenden Blick auf seinen eigentlichen Herrn: was der nun wohl dazu sagte oder dachte.

Andererseits machen namentlich Teckel keinerlei Hehl daraus, wenn ein Besucher ihnen aus wer weiß welch obskuren Gründen nicht gefällt oder nicht liegt.

Die Pupille schielt Argwohn, immerzu auf der Suche nach Zwischenfällen, die möglicherweise sein Einschreiten erforderlich machen könnten. Der bedauernswerte Gast wird, schon fast beleidigend, mit äußerst mißtrau-

Abb. 23. Die Augen verfolgen jede Bewegung, immerzu in Erwartung eines Ereignisses. (Foto: M. Wegler)

ischen Augen fixiert und gelegentlich sogar angeknurrt. Die Bart- und Rückenhaare des zwiespältigen Warners sträuben sich, und die Schwanznadel zeigt den Tiefpunkt des Stimmungsbarometers an. Der solcherart Verdächtigte mag sich noch so viele Mühe geben und um die Gunst des ihm so sichtbar Abgeneigten werben – es nützt alles nichts! Ermahnt ihn sein angestammter Herr und Gebieter, dieses unliebenswürdige Verhalten abzustellen und sich, wie vorher angewiesen, achtbar und höflich zu benehmen, verzieht sich der (seiner Meinung nach) zu Unrecht Gerügte zwar unter den Tisch, bleibt aber unentwegt auf der Hut, und das immer wieder einsetzende, nur mühsam unterdrückte Geknurr aus der tischtuchverhangenen Höhle hervor zeigt, daß er sich leider nicht in der Lage sieht, seine Ansicht über diesen zweifelhaften Gast zu ändern. Offenbar trugen alle unsere Besucher, überhaupt jeder Mensch, eine Art von transzendentem Merkmal vor sich her, sozusagen ihr Totem, jedenfalls für das zweite Gesicht unseres Teckels; war es nun ihr Geruch, der Tonfall ihrer Stimme, ihre Bewegungen oder eines jener geheimen Tabus, für die uns selber das Wahrnehmungsvermögen fehlt: eine möglicherweise magische Ausstrahlung, für die das den menschlichen Instinkten ja weit überlegene Tier anscheinend eine besondere Membrane besitzt. Daher die unserer Meinung nach oft völlig grundlose Ablehnung durchaus respektabler Gäste. Das war dann immer wie eine Art Kriegserklärung, und der um die weise Voraussicht seines anerkannt feinfühligen Leibwächters wissende Hausherr kam dann womöglich auf den, ja gar nicht einmal so abwegigen Gedanken: wer nun wohl recht hatte – sein düstere Blicke werfender Trabant oder der liebenswürdig schwadronierende Gast; gelegentlich sogar mit der (meist zu späten) Erkenntnis, daß der Hund in diesem Falle klüger war als sein Herr. Zuweilen nämlich fand die zunächst unerklärliche Voreingenommenheit des ahnungsvollen Sehers zu späterer Zeit ihre Bestätigung. Mit einem Wort: Hunde enttäuschen selten, Menschen dagegen um so öfter.

Teckeldiät

Ob wir unsere Teckel je enttäuschten, ist schwer zu sagen; ich hoffe nicht. Natürlich konnte es nicht ausbleiben, daß manche unserer von der erzieherischen Vernunft diktierten Handlungen oder Unterlassungen, besonders in bezug auf die Vorenthaltung oder Dosierung gewisser Leckerbissen, dem Teckelverstand rätselhaft blieben.
Ich gab meinen kleinen Tischgesellen, die selbstverständlich auf möglichst ständig ge-

Abb. 24. »Och bitte, nur noch eins!« (Foto: W. Dorn)

füllte Futternäpfe erpicht waren, immer nur eine Hauptmahlzeit, mittags natürlich; dann allerdings reichlich. Für Mensch wie Hund ist die ungefähre Mitte des Tages nun einmal die Stunde der Verproviantierung, der Siesta, des beschaulichen Verweilens; und wer überdies in der glücklichen Lage ist, ein Schläfchen – zwecks Förderung des innerpolitischen Ausgleichs – anzuschließen, lebt gewissermaßen doppelt, zwei Tage in einem, vor- und nachmittags. Leider befanden sich meist nur meine Teckel in dieser beneidenswerten Position. Sie machten denn auch weidlich Gebrauch davon. Ihre Gähnvorstellung nach der Mahlzeit, besorgniserregend,

da eine akute Maulsperre zu befürchten war, nur unterbrochen von den genießerischen Verlautbarungen des Nachschmeckens und dem Schnäuzchenwischen des Leckers (der sogar noch im Traum, gekoppelt mit Schwanzwedelei, betätigt wurde), zeugten von der Wohltat dieser natürlichen Pause zwischen den Ereignissen des Tages.

Auslauf nach Tisch schien mir nicht ratsam, jedenfalls für die empfindlichen Teckelorgane nicht. Die innere Verarbeitung der Nahrung beansprucht Gewebe und Gedärm ja bereits sehr ausgiebig. Die zusätzliche Belastung der Lauf-, Herz- und Atemmuskeln durch den sogenannten »Verdauungsspa-

Abb. 25. »Was haben wir da gehört: ab nächster Woche nur noch eine Mahlzeit täglich?« (Foto: J. Fischler)

ziergang« beeinflußt natürlich auch diesen internen Sekretionsvorgang, und zwar durchaus nicht immer im Sinne einer Kräftigung des Eingeweides, wie man doch eigentlich annehmen sollte, sondern oftmals auch gefolgt von dessen allmählicher Erschlaffung; ein dekadenter Vorgang, der sich vielleicht erst nach langer Zeit unliebsam bemerkbar macht. Niemand kann eben zwei Herren dienen. (»Nach dem Essen soll man ruhn und ein heilsam Schläfchen tun!«)

Am Abend ein kleines Leckerhäppchen vom Tisch der Reichen, dann allerdings ein ausgedehnter Spaziergang – jetzt, zu dieser Stunde, gut für Herrn und Hund – und dann: marsch, in die Koje! Des Morgens ein Scheibchen trockenes Brot, auf daß der arme Wicht nicht zusehen muß, wie seine mitleidlosen Vorgesetzten speisen. Am besten eine harte, altbackene Rinde. So geht die Zeit bis zum nächsten großen Essenfassen ohne Entbehrung herum.

Einige meiner Teckel futterten übrigens ziemlich unbekümmert, zuweilen sogar recht gern, in unserer Gesellschaft. Andere wieder lehnten Zuschauer ganz entschieden ab. Sie jagten jeden, der bei der feierlichen Handlung auftauchte, grimmig fletschend zur Tür hinaus; möglicherweise auch dies noch ein Überbleibsel aus der fernen, der wölfischen

Zeit: jedes fremde Lebewesen geht auf Raub aus, und so hat man auch seinen Futternapf gegen diese Konkurrenz der Plünderer und Marodeure zu schützen.

Die solchermaßen streng eingehaltene Diät lohnten mir alle meine Krummbeiner mit nobler Schlankheit: flacher Bauch und kräftige Brust, diese klassische Linie zwischen dem Vorder- und Achtergeläuf, auf die nicht nur die Preisrichter sehen. Nichts greulicher als überfütterte, dickwanstig gemästete Sofarollen; eine Versündigung an der schönen Kontur, an der Gesundheit, am Temperament und den Instinkten.

Die ewigen Jagdgründe

Teckel neigen zu Herzkrankheiten wie der Mensch, verursacht oft durch nicht genügenden Auslauf, Mangel an Bewegung, zuviel Futter. Zweimal gingen mir Teckel an Herzschlag ein; freilich aus anderen Gründen, als Folge einer Nierenentzündung und einer Vergiftung durch den undichten Gasofen – für uns selber nicht spürbar, für den Teckel aber auf die Dauer tödlich. Der eine starb in meinen Armen, nach einem letzten Blick voll Liebe und Dankbarkeit. Der andere fiel auf dem Wege zu seinem gewohnten Sonnenplätzchen auf der Treppenstufe plötzlich um. Ich hörte das Geräusch und ahnte, was geschehen war – wieso, ich weiß es nicht.

Man soll seine Teckel insbesondere auch vor Erkältungen schützen. Sie sind doch recht anfällig gegen Verkühlungen jeglicher Art; ohne daß man sie nun gleich mit Hundepaletots oder Strickjäckchen zu kostümieren braucht, die eher verweichlichend wirken und auch gewiß kein schöner Anblick sind.

Der hier zuerst genannte Tod führte sich darauf zurück, daß unsere Haushilfe den Teckel in eisiger Kälte an einen Laternenpfahl angebunden hatte, während sie selbst die verschiedensten Besorgungen erledigte, die eine Menge Zeit beanspruchten. Daraus entwickelte sich zunächst der übliche Schnupfen, dann ein tiefsitzender Husten und schließlich die Nierenentzündung, die ja häufig das Herz in Mitleidenschaft zieht.

So sorgte ich auch immer für eine nestwarme Höhle. Der offene Korb schien mir für kalte Winternächte unzureichend, zumal Teckel gern selber »Betten bauen« und die Decken, mit denen man sie noch so sorgfältig zudeckt, über kurz oder lang abwerfen, um sich das Lotterlager nach eigenem Gusto einzurichten; wobei dann natürlich alles in eine hoffnungslose Unordnung gerät, die der kleine Bettenbauer allein nie wieder zu entwirren vermag. Mit dem Resultat, daß es überall »zog« und wieder einmal die Schnupfentrude umging. Es gibt da – falls man nicht das hölzerne Hundehaus mit Dach bevorzugt, das aber wieder der wünschenswerten Luftzirkulation enträt – kleine Iglus aus Weidengeflecht, offen nur beim (gerade der Größe des Bewohners entsprechenden) Ein- und Ausschlupf. Mit einer nicht zu weichen Matratze ausgestattet und an besonders frostigen Tagen vielleicht außen mit einer zusätzlichen Decke abgeschirmt, herrscht hier ein wohltemperiertes, durch die Eigenwärme und Ausdünstung konstant gehaltenes Klima. Man muß einmal einen solchen Teckel gesehen haben, wie stillvergnügt der kleine Hauseigentümer aus seiner Villa guckt, die Vorderpfoten lässig über die Schwelle gehängt, und wie er den Besitz dieser an die Höhle der Urzeit erinnernden Zuflucht genießt.

Abb. 26. »Also, wenn Sie mich fragen – die ›Allgemeinen Teckelnachrichten‹ finde ich lesenswerter.« (Foto: W. Dorn)

Um noch andere Krankheiten zu erwähnen: weniger schlimm, aber doch sehr lästig (für den Teckel selbst natürlich, aber auch für seine menschlichen »Stubengenossen«) ist der sogenannte »Ohrwurm«. Kein sich windender »Wurm«; vielmehr ist der Gehörgang, durch Erkältung oder Infektion, vereitert, manchmal beidseitig. Mein ratlos dreinblikkender, aber sonst nicht allzu bekümmerter, nur reichlich nervöser Patient schüttelte nun anhaltend seinen Kopf mit den langen Ohren. Es ergab sich dann jeweils, sobald dieser überlange Behang ihm um Nacken und Schnauze schlug, ein auffälliges Klatschgeräusch, das mit der Zeit freilich allseits auf die Nerven fallen konnte. Hielt er dabei sein Köpfchen schief, so war auf einseitige Entzündung zu schließen. Unverständige Hundehalter, die die Geduld verlieren, verfahren nun vielleicht sehr ungerecht mit dem vermeintlichen Quälgeist, dem sie die »lästige

Angewohnheit« mit Schelte und Drohungen austreiben wollen. Rechtzeitige Einspritzungen und Auswaschungen aber sind es, die diesen »Ohrenzwang« bald wieder verschwinden lassen.

Das Unrat- und Aasfressen freilich – oft ebenfalls die Ursache von Erkrankungen – habe ich meinen Teckeln nie ganz abgewöhnen können. Mit großer Vorliebe und lüsterner Begier ergötzten sie ihre Nase und Mägen an sogenannten Leckerbissen, die schon stark ins Fäulnisstadium übergegangen waren. Wie oft rätselten wir über einen merkwürdigen, höchst unangenehmen Geruch im Haus. Der sofortige Verdacht jedoch, unser Malefizteckel halte wieder einmal vergammelte Fleischbrocken oder stinkende Knochen in seinem Korbpalast verborgen, traf zumeist nicht zu. Er hatte die anrüchigen Beutestücke bereits verarbeitet und duftete nun von innen heraus, durch sämtliche Poren hindurch. Übrigens wälzten meine Tekkel sich auch gern – als es das noch gab – im Pferdemist der ländlichen Straßen. – Kuhfladen waren offenbar weniger geschätzt –. Ein alter, erfahrener Förster sagte mir, auch dies geschähe vermutlich aus einem Instinkt heraus. Die Haut und das Haar brauchten wahrscheinlich dieses urtümliche Kosmetikum. (Wobei daran erinnert sei, daß fast alle, auch die feinsten und kostspieligsten Parfums auf der Basis der tierischen, abscheulich riechenden Moschusdrüse aufgebaut wer-

den.) Die Neigung zum Aas rührt natürlich von der Raubtierabstammung her. Heutzutage allerdings, nach generationenlanger Domestikation, ist auch dieser Freßatavismus nicht mehr ganz ungefährlich für den ja längst auf zivilisierte Verhältnisse umgestellten Wolfsstämmling. So hat auch dieser Erbinstinkt des öfteren den Befall durch Parasiten im Gefolge, auch Magen- und Darmvergiftungen, die langwierige Behandlung, nicht nur Fasten und Schonkost, erfordern. Unser getreues Hundchen büßt also – schuldlos –

Abb. 27. Eine ziemlich verstrickte Angelegenheit. (Foto: W. Dorn)

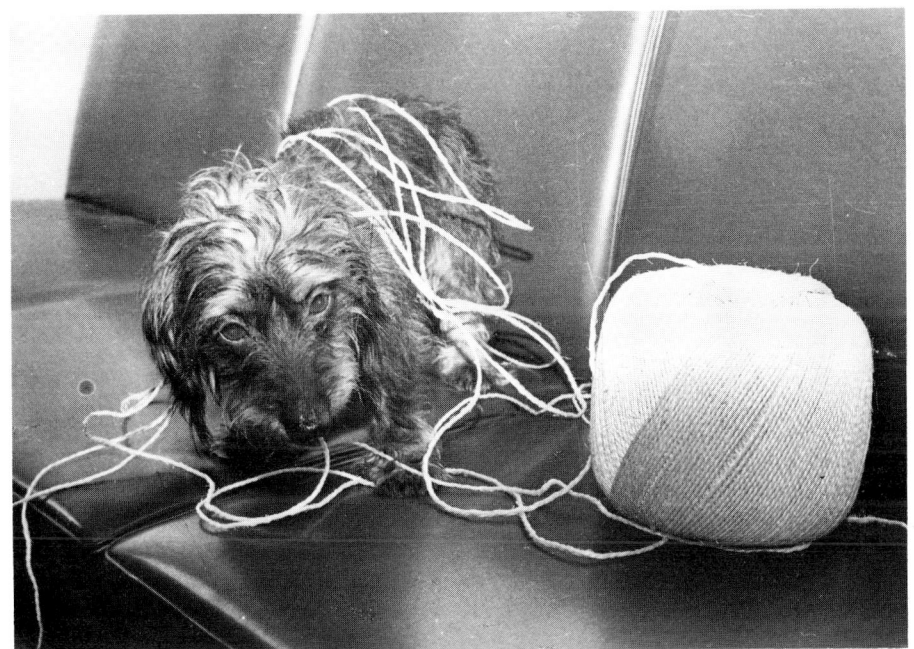

für seinen vorbehaltlosen Übertritt in das Lager des Menschen. Er zahlt mit Anfälligkeit und Krankheit, die dem Urhund fremd gewesen sind. An uns ist es, hier für den Ausgleich zu sorgen und die rechte Mitte zu finden zwischen den geheimen Appetiten des »Nasenschmeckers« (zum Schmecken auf der Zunge bleibt ja nicht Zeit genug; alle Hunde schlingen, ohne den eigentlichen Geschmack zu genießen) und zwischen einem allenfalls noch zu verantwortenden Hautgout – den ja auch wir Menschen manchmal lieben, bei Hasenbraten, Wild und -geflügel etwa –.

Einen meiner Teckel verlor ich durch die Staupe. Ein von Anfang an hoffnungsloser Fall, bei dem der Tierarzt schon bald zur Einschläferung riet – damals hatte die Tierheilkunde wohl noch nicht jene Mittel zur Verfügung, die heutzutage, rechtzeitig angewendet, ein Überstehen dieser abscheulichen Krankheit ermöglichen. Der Befall kündigte sich an durch sehr plötzlich einsetzendes, sehr hohes Fieber (trockene, heiße Nase) und völlige Appetitlosigkeit. Nach zwei Tagen Durchfall, Erbrechen, Vereiterung der Schleimhäute in Nase und Augen. Schließlich, im Endstadium, Krämpfe und Atemnot bei qualvollem Husten. Wir waren damals, nachdem die tödliche Spritze verabfolgt worden war, tagelang unzugänglich, überhaupt nicht ansprechbar, zur kopfschüttelnden Verwunderung derer, die nie von der tiefen Verbundenheit zwischen Mensch und Hund erfahren haben. Man versucht, sich mit der sinnlos-unverschuldeten Krankheit an sich auseinanderzusetzen und muß dann doch resignieren oder sich mit dem unabänderlichen Fatum der höheren Gewalt (beim Menschen sowohl wie auch beim Tier) abfinden.

Andere meiner – im Verhältnis zum Menschen – leider so kurzlebigen Teckelkameraden starben den Alterstod. Solange ich noch selber jagte, und die Büchse im Gewehrschrank allmorgendlich das sehnsüchtige Auge nicht nur des Jagdherrn, sondern auch seines kleinen Jagdgehilfen anzog, ließ ich es allerdings gar nicht erst soweit kommen.

Teckel werden sich im Alter leicht selbst zur Last. Alle nur erdenklichen Beschwerden der Senilität stellen sich ein. Sie beginnen zu lahmen, verlieren die Freude am Ausgang, unterliegen einem schier ununterbrochenen Schlafbedürfnis, zeigen sich mürrisch, wenn man sie darin stört und lehnen oft überhaupt jeden Umgang, jede Ansprache, jede Anteilnahme, auch die des eigenen Herrn, verdrießlich ab. Hier das tierische Leben, nur des einfachen Überlebens halber, erhalten zu wollen, obwohl dieses der Jagd und dem Abenteuer, der Bewegung und Abwechslung gewidmete Dasein längst seiner eigentlichen Bestimmung entrückt ist, lustlos, freudlos, sinnlos und daher zur eigenen Qual nur mehr so dahindämmert, schien mir eine Sentimentalität, unwürdig dieses tapferen Gesellen von einst. Ein letzter Weg ins Revier, noch einmal wie ehedem bei Jagd und Halali, ein letztes Aufflackern der alten, jägerischen Lust in den müdegewordenen Teckelaugen – und dann, leicht hinter dem Ohr angesetzt, der erlösende Schuß. »Fahr wohl, mein Hund, und, so du nun in die ewigen Jagdgründe eingegangen bist, kündige dort von rechter Teckel- und Jägerart!« Später, in die Stadt verschlagen und dem weidmännischen Brauch schon ferner gerückt, brachte man dergleichen nicht mehr übers Herz und überließ das, was doch eigentlich der letzte Liebes- und Freundesdienst am Gefährten so vieler Pirschen hätte sein müssen, der unheroischen Spritze des Tierarztes. So geht das Abenteuer der Welt dahin.

In der Teckel-Klippschule

Noch aber ist das Abenteuer nicht zu Ende – das dieses Buches jedenfalls und seiner darin beschriebenen Teckelheldentaten. Kehren wir also zum Teckel Fidibus und seinen braven Kinderchen zurück. (Ich habe zwar viele Dachshunde besessen, wie gesagt, und berichte hier von meinen Freuden und Kümmernissen am Geschlecht der Teckel insgesamt; doch erzählt es sich leichter, hat man den im Auge, der am Anfang stand – die erste Liebe vergißt man nie.)

Von den Welpen des noch so großväterlich benannten Fidibus durften wir einen tiefschwarzen Rüden mit zahllosen, völlig ungerechtfertigten Wirbeln an allen nur erdenklichen Stellen seines rauhen Pelzes im Hause behalten. Wir nannten ihn, einem Vorschlag unseres auf schlichte Teckelnamen dringenden Vaters gemäß, ganz einfach: »Dachs«, nur so; eine zweifellos ebenso naive wie beziehungsvolle Bezeichnung für einen Teckel. In der Folge wurde natürlich meist »Frech-Dachs« gerufen, ebenfalls nicht ganz ohne Bezug, da gerade unser kleiner Struwwelpeter zu diesbezüglichen Eigenschaften

neigte. Dabei war der spätere Haudegen, Schnapphans und Wegelagerer zunächst ausgesprochen schüchtern, sofern man diese Temperamentsbezeichnung überhaupt auf einen Teckel anwenden kann, sei er auch noch so klein.

Ich ließ das winzige Fellknäuel gern auf meinen Knien balancieren, wenn ich in faulem Nichtstun, entgegen der Hausordnung, mit einem spannenden Indianerschmöker versehen, heimlich Siesta auf dem Lotterlager hielt. Jeweils beim Umblättern stellte ich meine langen Jungenbeine dann schikanöserweise sehr plötzlich hoch, so daß der ängstliche Kniehocker mit einmal ganz überraschend auf einem Bergesgipfel thronte. Er schwebte (seiner Meinung nach) in Wolkenhöhe und sah tiefbesorgt, schon früh den kummervollen Teckelblick in der Pupille, die dräuenden Klüfte hinab.

Beim nächsten Seitenwechsel wurden die Gehwerkzeuge dann ebenso plötzlich wieder ausgestreckt, und der unfreiwillige Bergsteiger rutschte nun tatsächlich ins tiefe Tal. Das gefiel ihm natürlich nicht, und so versuchte er

Abb. 28. Ein wahres Energiebündel. (Foto: K. Skogstad)

eilig zu fliehen. Im letzten Augenblick aber wurde der Flüchtige am Schwanzende arretiert und zu neuen Gipfelfahrten angehalten. Schließlich ergab sich der Ärmste in sein trauriges Schicksal und sah mich nur wehen Auges äußerst vorwurfsvoll an. Jetzt freilich hatte ich den kleinen Dulder geradezu lieb und streichelte ihm alle Besorgnisse fort. Noch lieber wurde mir der drollige Hausgenosse, als ich ihn erstmals zu längeren Spaziergängen mit auf die Straße nehmen durf-

te. Inzwischen hatte der gelehrige Schüler offenbar so allerhand hinzugelernt. Zum Beispiel erwies er sich bei dieser Gelegenheit, beinahe ohne Übergang, als ein für allemal, sagen wir: trockengelegt.
Welche Mühe hatte ich doch, die »innerhäuslichen Gießbäche gewissermaßen zu kanalisieren«, d. h. die ahnungslosen Bälger stubenrein zu machen. Da unser Vater es auf das strengste untersagt hatte, die ewig rückfälligen Sünder – nach vielfach geübter Me-

thode – etwa mit den Schnäuzlein in die Lache zu tunken (eine widerwärtige, zudem gänzlich zwecklose Grausamkeit), und da auch Schläge, selbst die harmlosesten Stupser, ebenso verpönt waren, blieb die Erziehungsmöglichkeit ausschließlich auf guten Zuspruch und sehr regelmäßiges, sehr häufiges Vor-die-Tür-Geleiten angewiesen. Dergleichen dauert seine Zeit und stellt hohe Anforderungen an die gegenseitige Geduld. Bis es dann eines Tages ganz überraschend klappt; der den magischen Drang Verspürende hockt sich eng neben die Tür und winselt oder piepst – ganz Freche und Fortgeschrittene bellen sogar ziemlich unverschämt.

Mein kleiner Schwarzer hatte es soweit noch nicht gebracht, als ich ihn zur ersten Halbstundenpromenade mitnahm. Dann aber hob er unterwegs wie selbstverständlich das Beinchen – dessenungeachtet hochinteressiert und sichtbar stolz ob des exakten Verlaufs der natürlichen Zeremonie – und gehörte fortan ebenfalls zu den Türhockern mit Dringlichkeitsstufe.

Hinzugelernt hatte mein braver Pfiffikus aber auch in bezug auf die kuriosen Einfälle und infamen Hinterlisten der grundsätzlich verdächtigen Menschen.

Wir gingen, gegen Abend zu, im nahe gelegenen Stadtpark spazieren, allwo ich den ja leicht zu greifenden, noch ungelenk dahinstolpernden Trabanten ohne Leine vor mir her paddeln ließ (er besaß übrigens noch gar kein Geschirr, nicht einmal einen kläglichen Strick als Halsbandersatz – wozu auch!). Wer indes beschreibt mein Erstaunen, als das harmlose Teckelbaby unversehens auf einen soeben in Erscheinung tretenden Passanten losgaloppiert und diesen tollkühn verbellt: winzige, in hohem Diskant hervorgebrachte Laute, doch unverkennbar Gekläff, über das man aber eigentlich nur lachen konnte. Das tat der so schreckhaft Attackierte, nach anfänglicher Einschüchterung, denn auch. »Der fängt ja früh an!« meinte er einigermaßen wohlwollend, aber auch nur einigermaßen: »Ich würde empfehlen, dem kleinen Untier beizeiten einen Maulkorb anzulegen oder es wenigstens anzuleinen!« So was! Maulkorb! Und das meinem süßen, kleinen Unschuldsengel!

Abb. 29. »Hab nun ach die Philosophey, / Medizin und Juristerey, / und leider auch die Theologie / durchaus studiert mit heißer Müh.« (Foto: W. Dorn)

Spielteckel

Zunächst allerdings wurde der Berühmt-Berüchtigte zum unvergleichlichen Spielkameraden unserer Jugendzeit.

Was ein stets und ständig zum gemeinsamen Zeitvertreib aufgelegter Teckel – in seiner simplen Einfalt den kindlichen Gemütern sicherlich nahe verwandt –, was so ein Erzschelm und Hallodri an urkomischen und vortrefflichen Einfällen, Harlekinaden, improvisierten Theatervorstellungen zu produzieren und somit zur allgemeinen Kurzweil beizutragen vermag (die ja oft genug überhaupt erst seiner verführerischen Lockung zu verdanken ist), ist wahrhaft bemerkenswert und müßte eigentlich auch den prinzipiellen Hundefeind von den so gearteten Verdiensten dieses außeretatmäßigen Familienmitgliedes überzeugen. Da gab es das von Tekkelseite geradezu hervorragend abgewandelte Kriegen- und Versteckenspiel, mit gänzlich unvorhersehbaren, äußerst kläffgewaltigen Überfällen. Da gab es die ritterlichen Turniere mit uns Jungens auf dem Teppich oder Rasen, bei viel angeberischem Geknurr, Gebell, Gekläff, Zähnefletschen – doch immer ohne ernstliche Zwischenfälle. Der kleine Teckelgentleman biß stets nur ganz zart und behutsam zu. Soweit er uns freilich – denn auch das gehörte dazu – das Hemd aus den Hosen zerrte, geschah dies

schon etwas rabiater, aber immer noch verspielt.

Von einer typischen Angewohnheit will ich noch berichten: Das Hindernisrennen mit schweren Handikaps. Die hölzerne Hantel zwischen den Beißern, wartet der disziplinierte Teckel-Leichtathlet gehorsam auf das Zeichen zum Start, wobei man ihm die sportliche Unrast aber schon ansieht. Dann, auf das Los-Kommando hin, geht es ab in wildem Karacho, schnurstracks auf den langausgestreckten Arm der großen Schwester zu; eine sehr schwierige Barriere, wie man zugeben muß. Der Sprung darüber hinweg war jedesmal äußerst sehenswert, irgendwie sehr durchtrainiert, durchaus vergleichbar einem Dressurpferd aus edlem Stall, wenn nicht gar aus der Spanischen Hofreitschule. Den Körper langgestreckt, die Achterpfoten nach hinten zu, bis fast zur verlängerten Bauchlinie, angehoben (um das Rick nicht zu werfen), die Vorderpfoten desgleichen – kurzum, ein Anblick von Kraft, Geschmeidigkeit, Grazie, ja Schönheit zugleich.

Ach, wie stolz war unser tüchtiger Springchampion nach jeweils beendetem Spurt, nach entsprechender Belobigung und damit einhergehender Belohnung!

Unternehmen »Absprung«

Teckel sind ja – wenn sie wollen – überaus gelehrig, und ein Leckerbissen nach gelungenem Auftritt wirkt geradezu Wunder.

So muß der unerfahrene Welpe natürlich auch lernen, Stufen (Treppenstufen) zu erklimmen; von welch ernsten Bemühungen der gleichgültige Nichthundehalter sicherlich nicht einmal etwas ahnt. Ein ziemlich beschwerliches Vorhaben jedenfalls für so einen jungen Dachs (-Hund), der kaum auf seinen vier krummen Beinchen zu stehen und zu laufen vermag. Das »Höhere« ist aber nun einmal gar zu verlockend, auch und gerade für die dem Fußboden noch allzu nahen Teckelwelpen. Es könnte ja sein, daß die Welt da oben ganz anders aussieht als hier unten. Der neugierige Entdeckungsreisende verspricht sich jedenfalls etwas davon (anders als die um ihre Möbel bangende Hausfrau), das Sofa, den Sessel am Fenster oder gar den Schoß des Herrn Haushaltungsvorstands zu entern.

Zwei unserer kleinen Stufenhopser waren darauf spezialisiert, die Hürde mit grandiosem Anlauf zu nehmen. Der eine als haushoher Springer – der andere noch unentschlossen zaudernd. Dann hat der erste es glücklich geschafft und schaut nunmehr sehr überlegen, ja schier hochnäsig auf seinen weniger wagemutigen, noch tief unten befindlichen Nebenbuhler hinab. Schließlich gelingt es aber auch diesem Nachkömmling, die letzte

58

Klippe des Aufstiegs in die oberen Regionen zu überwinden. Jetzt thronen sie alle beide, etwas ermattet nach dem überlangen Anlauf, aber sichtbar stolz, auf der ragenden Höhe. Es ging hier um eine Terrasse, die genau zwei Stufen über dem weiten Vorplatz lag. Um diesen stattlichen Berg zu besiegen, waren die beiden verwegenen Abenteurer weisungsgemäß in etwa zwanzig Meter Abstand zum großen 20-Meter-Lauf angetreten. Das erste Mal vergaß der schnellere Rivale allerdings, im rechten Augenblick zum Sprung anzusetzen. Er verpaßte die entscheidende Sekunde, und sein zartes Schnäuzchen kollidierte höchst unsanft mit dem harten Stufenstein. Wir mußten zunächst sehr anhaltend Trost, d. h. Leckerbissen spenden; was in diesem frühen Stadium ja eigentlich noch gar nicht vorgesehen war – »freßbares« Lob gab es in der Regel erst nach erwiesenem Können. Angesichts dieses bedauerlichen Zwi-

schenfalls ließ der Langsamere der beiden erst einmal ab von der anscheinend höchst gefährlichen Expedition und heischte statt dessen seinen gerechten Anteil an der vorweggenommenen Preisverteilung. Am Ende wurde die schwierige Aufgabe aber dann doch gemeistert – wie urkundlich (durch unser Foto) nachgewiesen. Daran schloß sich dann folgerichtig, etliche Zeit später, die Erstbesteigung der (nicht allzu hohen) Chaiselongue an, dann des (schon etwas höheren) Sofas, dann des Sessels am Fenster, dann der heroische Sprung auf die Fensterbank; und zu guter Letzt wurde auch die sehr geschickte Sonderaktion des Schoßhüpfens zu mehr oder weniger allgemeiner Befriedigung bewältigt.

Damit war die turnerische Ausbildung unserer jugendlichen Meute vorerst beendet, und das Teckeldasein auf den Höhen des Lebens begann.

Hübschmachen oder Männchenbauen

Ob man seinem Teckel etwas »beibringen« soll, etwa das sogenannte »Hübschmachen« oder »Männchenbauen«, steht dahin. Hier

und da hört man reden, daß derlei an und für sich unnatürliche, der Anatomie des Hundes nicht entsprechende Kunststücke – so wie von Tieren vorgeführte Kunststücke überhaupt – irgendwie unangebracht, artfremd, ja demzufolge entwürdigend seien.

Das mag ganz richtig sein, soweit es sich um

sinnlos-alberne Einstudierungen (oder Eintrichterungen) handelt, die der ja zweifellos vorhandenen Teckelwürde allerdings zu nahetreten könnten. Wer sein ahnungsloses Krummbein etwa zum Handstand auf den Vorderpfoten, zur Fortbewegung allein auf den beiden Hinterpfoten, zum Salto vor- oder rückwärts, zur Rolle links oder rechts abzurichten versucht, wird zwar Erfolg haben; aber welch ein kläglicher Anblick für den, der das Tier in seiner lässig-selbstbewußten Haltung liebt und nun dieser Degradierung zum Groteskclown zusehen muß! Ein bißchen Clownerie ist dem Teckel zwar angeboren; aber dann paßt sie auch zu seinem Charakter und seinen höchstpersönlichen Eingebungen. Nicht aber so.

Das Hübschmachen zum Beispiel lernen manche gewitzten Teckeldiplomaten mit der Zeit wie von selbst; vielleicht weil sie einmal, indem sie sich aufrichteten, auf den gedeckten Tisch sehen konnten. Das weckte den Beifall der Reichen an der Tafelrunde, und der Brosamen für den armen Bettelmann war fällig. So ist das also, denkt unser kleiner Pfiffikus, und schon geht das Männchen-

bauen in seinen Erfahrungs- und Gewohnheitsschatz über.

Es ist auch nichts dagegen einzuwenden, wenn dieses freundliche Gehabe den weniger Gewitzten, nunmehr kraft pädagogischen Zuspruchs, beigebracht wird. Das immer höher gehaltene, bis zum glorreichen Endresultat unerreichbar bleibende Stückchen Zucker oder Wurstpelle (die Wursthaut ist besser, der Zähne wegen) wirkt auch hier als Lockung, als Ansporn, Lorbeerkranz und Siegerehrung. Im übrigen rührt der Anblick eines Teckels, der seine Vorderpfoten präsentiert, alle hundefreundlichen Herzen, zumal, wenn diese Pfötchen sich in einer urtümlich archaischen Geste schier bittend auf- und abbewegen, so daß man den Männchen-Trainierern deswegen gar nicht gram sein kann. Außerdem sieht der Geschulte sich fortan in der Lage, einem besonders dringlichen Anliegen noch zusätzlich Ausdruck zu verleihen.

Allerlei sonstige Kunststücke

Auch das »Sichtotstellen« zählt zum keineswegs überflüssigen Abc der Teckel-Klippschule. Man bringt es dem quicklebendigen Bruder Unrast bei, dieweil es gelegentlich

sehr nützlich sein kann, das kribblige Etwas zu seinen Füßen zu tarnen – auf der Jagd etwa. Oder, umgekehrt: das Lautgeben. Es kostete manchmal allerdings reichlich Mühe,

die sturen Lehrlinge dazu zu bewegen, im richtigen Augenblick das Maul aufzutun. Schweigen und reden zu lernen ist eben auch für den Teckel ein Grundbegriff der Lebensfibel. »Reden ist Silber, Schweigen ist Gold«, vor allem während der Pirsch. Das stumme Verharren bei Fuß und die lautstarke Ansage auf der Spur – ohne das taugt der noch so liebenswerte Jagdgehilfe nicht.

Des weiteren, nun wieder abseits des jägerischen Elements, ist das Tragen eines kleinen Päckchens, des Einkaufskörbchens, der eigenen Hundeleine oder gar des zusammengerollten Regenschirms zumindest als possierlich anzusehen; wenngleich ich persönlich, als alter Teckel-Vater, diese Darbietung nicht eben schätze. Manche unserer Teckelmimen, überaus anfällig für die Ovationen eines verehrlichen Passantenpublikums, waren aber durchaus dafür zu haben und drängten sich geradezu danach. Überdies ist das Tragen solcher Behältnisse eine dem Apportieren, dieser zweckmäßigsten aller zwecklichen Fertigkeiten, schon recht verwandte Übung; vorausgesetzt natürlich, daß der mehr als standesbewußte kleine Gepäckträger die stolze Last am Ende auch wieder hergibt und sich nicht etwa grimmig ziert.

Einer meiner Rauhhaarteckel kam jeden Mittag mit seinem Futternapf zwischen den Zäh-

nen vor die Tür meines Arbeitszimmers gepaddelt, setzte die Schale dort ab, kratzte am Holz, um sich bemerkbar zu machen, und nahm sie zügig wieder auf, sobald ich mich zeigte. Dann trabte er, sich alle naslang erwartungsvoll umsehend (ob ich auch nachkäme), in Richtung Küche. Hier standen offenbar die Mittagstöpfe bereit. Ihr Inhalt wurde jedoch, auch die Teckelration, erst ausgegeben, wenn der Herr Familienvorstand durch sein Erscheinen das Zeichen hierzu gab. Daher also! Die Stunde der Mahlzeit saß unserem überpünktlichen Pikkolo jedenfalls untrüglich im Geblüt; er kam nie zu spät, meist um ein etliches zu früh. Dieser voreilige Essensträger rückte seinen Napf freilich ohne Verzug und ohne Sperenzchen heraus, sobald es um die Füllung besagten Behälters ging; es sei denn, er hatte diesen allzu fest im Griff, so daß er sich zwischen den Kiefern verklemmte. Auch dies kam bedauerlicherweise des öfteren vor.

Die Vorstufe des jagdlichen Apports mußte ich mit etlichen meiner Teckel zuweilen wochenlang einüben (nicht etwa einbleuen); lange Zeit mit dem überaus mageren Ergebnis, daß sich daraus mehr eine Hetzjagd über Stock und Stein entwickelte als die gewünschte Ablieferung des zu apportierenden Gegenstandes. Es machte den übermütigen Spielratzen offenbar einen diebischen Spaß, mich immer gerade so weit an sich herankommen zu lassen, daß die dreiste Bagage im allerletzten Augenblick doch noch auf den Hachsen kehrtmachen konnte, um mir geschickt zu entwischen. Man soll in solchen Fällen zwar eisern stehenbleiben, denn dies

Abb. 32. Bald ist er zirkusreif! (Foto: Annerose Schatter)

ist ja gerade der Sinn des löblichen Tuns; was jedoch, wenn die übergeschnappten Flausenmacher gar nicht daran denken, uns diesen Gefallen zu erweisen? Also hin, hinter der Knüppelgarde her, das Stückchen Holz oder den Kienzapfen aus den widerspenstigen Zähnchen winden, um das Apportierobjekt erneut fortzuschleudern und mit hoffnungsvollem Ernst »Apport!« dazu zu sagen. Meinen ihrerseits hoffnungslos unernsten, lediglich auf angenehmen Zeitvertreib und lustigen Schabernack erpichten Eleven kam es aber nur darauf an, mich an der Nase herumzuführen und mit ihnen um die Wette laufen zu lassen. Dies spielte ich dann auch murrend mit, so lange bis die Luft (und die Laune) ausging. Erst nach Wochen, wie gesagt, begriffen die uneinsichtigen Spaßmacher, worauf ich hier eigentlich abzielte. Und fortan klappte es mit dem Apport!

Ja, sogar ins Wasser stürzten sich diese ewig wasserscheuen Landbewohner, wenn es darum ging, einen hineingeworfenen Zweig wieder herauszuholen und mir zu bringen.

Später machte sich das dann, etwa bei der Entenjagd, als sehr nützlich bemerkbar. Allerdings wurde man naß und bekam nicht einmal ein Knöchelchen von dem feinen Braten ab, in den sich die leckere Krickente verwandelt hatte. (Geflügelknochen sind für Hunde streng verpönt. Sie bleiben leicht im Hals stecken oder gar, sind sie glücklich soweit durchgerutscht, in Magen oder Darm – und das ist lebensgefährlich!)

Seitensprünge und Schnapphänsereien

Aber was heißt hier schon »Ernst des Lebens«! Noch ist mein kleiner schwarzer Rauhgesell namens »Dachs« jung und schön und froh des alltäglichen Abenteuers. Ja, der übermütige Schnapphans spezialisierte sich schon früh – gleich nach seinem allerersten Ausgang – nicht nur auf das höchst amüsante Erschrecken friedliebender Passanten, sondern auch auf sozusagen offenen Straßenraub, d. h. schon nicht mehr ganz so harmlos anzusehende Überfälle auf fremde Einholtaschen oder -körbchen.

Fahrlässig neben einem Marktstand abgestellt, war keiner dieser mit schmackhaften Lebensmitteln angefüllten Behälter vor ihm sicher. Ja, einmal schnappte er sich sogar ein Portemonnaie daraus und galoppierte davon, die Ohren stolz im Winde flatternd, das Schwänzlein tatendurstig hochgereckt. Zweifellos nichts als Übermut; denn bitte – was auch sollte der verspielte Taschendieb mit einer nicht eßbaren Geldbörse überhaupt anfangen? Die empörte Besitzerin jedoch, anscheinend gänzlich ohne Humor und bar jeden Verständnisses für schalkhafte kleine Teckel, beschuldigte uns doch tatsächlich, den »gerissenen Köter« – so sagte sie – eigens auf solche Räubereien abgerichtet zu haben. Darüber grinste dann freilich der gesamte Wochenmarkt. Alle diese Ambulanten, meist selber Hundehalter, kannten unseren verwegenen Schnapphans ja nun schon und liebten ihn sehr. Überall ergatterte das putzige Raubritterlein dementsprechende Leckerbissen. Von echter Spitzbüberei konnte also wirklich nicht die Rede sein. Das änderte

sich allerdings, als ein anderer unserer Teckel sich eines Tages einen ganzen Rinderbraten, den der ahnungslose Metzger erst noch auf den Fleischerhaken hängen wollte, unter die Pfötchen riß – ich erzählte wohl schon von dieser (sehr peinlichen) Begebenheit.

Gewußt, wie

War es Spitzbüberei, als mein kleiner Tunichtgut die für unser schwesterliches Nesthäkchen bestimmte Milch ganz einfach leerschlappte, aus der Flasche heraus? Uns Kindern jedenfalls bereitete dieser neuerliche Raubzug das allergrößte Vergnügen.

Ein Unternehmen von großer Verwegenheit, das muß man schon sagen, ist nicht ganz so einfach auszuführen, wie es hier jetzt zu lesen steht. So glückte es denn auch erst nach mehrfach fehlgeschlagenen Versuchen. Die Flasche war im Garten zum Kühlen abgestellt worden. »Dachs« entdeckte sie dort, machte sich auf leisen Sohlen heran und prüfte zunächst einmal die Lage. Sehr rätselhaft! Vorderhand, beide Vorderpfoten gegen den Flaschenhals gestemmt, bearbeitete der nichtsachverständige Experte den gläsernen Behälter aus dem Stand und versuchte, auf diese Art ein Loch in den Sauger zu knab-

bern. Das kluge Köpfchen hatte demnach bereits erfaßt, woher der schmackhafte Trank träufeln mußte. Leider kippte besagte, allzu ungestüm umarmte Flasche dann aber um. Erneute Ratlosigkeit! Und dennoch Glück – einer jener begrüßenswerten Zufälle, die schon so manches Mal die allerwichtigsten Entdeckungen verursacht und ermöglicht haben. Bei nunmehr flach gelagerter Flasche kam der unermüdliche Forscher nämlich sehr viel besser an den Sauger-Born heran! Noch ein paar Beißlöcher mehr – gewußt, wie –, und schon sah man den durchtriebenen Strolch in vollen Zügen genießen. Wie entrüstet unsere gute Mutter war, läßt sich denken. Sauger kaputt, die äußerst wichtige Stunde der Babymahlzeit nicht einzuhalten, da nun erst neue Milch zu beschaffen und zu wärmen war. Überdies mußte der auf frischer Untat Ertappte zwischendurch gebadet werden. Er hatte sich selbstredend über und über mit der fetten Kuhmilch bekleckert. »Der abgefeimte Schurke!« wie Vater tadelnd bemerkte.

Jetzt also war er ein »abgefeimter Schurke«, mein kleiner, süßer Unschuldsengel von einst.

Abb. 33. Einen solchen Korb läßt man sich gerne geben! (Foto: W. Dorn)

Kleine Schlafprinzessin mit Gefolge

Gute Bekannte von uns besaßen zwei gelockte Rauhhaarteckel, beide blond; eine bei dieser Rasse ziemlich seltene Färbung.

Diese beiden Unzertrennlichen waren bald ebenso unzertrennlich von dem kleinen Töchterchen jener Familie. Sie folgten ihm überallhin nach, buchstäblich auf dem Fuße. Diese sehr verläßlichen Leibwächter achteten darauf, daß ihrer kleinen Prinzessin nichts geschah, jaulten gellend, wenn sie hinfiel – lauter als sie selbst – und geleiteten sie mittags wie auch abends zu Bett, wo sie dann auf dem Läufer davor gleichfalls eine ausgedehnte Schlafrunde einlegten.

Darf man erwähnen, daß vor dem Zubettgehen immer noch die (allen Kindern vertraute) Sitzung (auf dem Töpfchen) stattfand? Eine bekanntermaßen oft langwierige und zeitverschwenderische Handlung, die das kleine Mädchen verständlicherweise immer höchst langweilig fand. Aber auch hier leisteten die beiden getreuen Vasallen der zu so schnödem Aufenthalt verurteilten Spielgefährtin tröstliche Gesellschaft: Sie lagerten rechts und links des niedrigen Throns und ließen sich währenddessen – währenddessen! – wohlgefällig und genüßlich die lockigen Bälge kraulen.

Vom ewig schlechten Teckelgewissen

So könnte man noch Dutzende von kleinen Geschichtchen, Abenteuern, Anekdoten, losen Streichen und komischen Episoden erzählen. Jeder Teckelbesitzer mit Sinn und Verstand, Herz und Gefühl für die abwegigen Pfade und charakterlichen Besonderheiten seiner einfallsreichen Troßbuben hat ja dergleichen Comic strips aus den Bereichen der großen, unerschöpflichen Teckel-Saga mehr als genug in seinem diesbezüglichen Schnappsack.

Was aber auch immer passieren mochte, sei es die läßliche Teckelsünde ohne vorsätzli-

chen Arg, sei es die wirklich äußerst raffinierte Entwendung des auf der Terrasse kühlenden Sauerfleisches (also nicht nur der Babyflaschenmilch), sei es die von der Hausgehilfin (also diesmal keinesfalls von Teckelseite) zerbrochene Vase oder das (zweifellos von Teckelzähnen) verursachte Loch in der Hose des Herrn Briefträgers: Was auch im-

Abb. 34. Blonde Rauhhaarteckel zählen zu den selteneren Schlägen. (Foto: K. Skogstad)

mer geschah, wie gesagt – unser Fidibus oder Dachs oder Haidjer, oder wie immer sie gerade hießen und der wievielte Nachfahr in der Reihe seiner Vorgänger er auch war –, stets und ständig hatte der betreffende Hallodri ein schlechtes Gewissen. Ja, ich möchte sagen: Das schlechte Gewissen gehört nun einmal zur Teckelexistenz. Es ist das besondere Kennzeichen im Personalausweis dieser mit einer so ausdrucksvollen Mimik begabten Hunderasse. Der starre, gleichsam wesenlos entrückte Teckelblick des wie gänzlich unbeteiligt dahockenden Angeklagten, wie er dem forschenden Betrachter eisern standhält, zeugt von dieser Tarnkunst des Verstellens. Hier handelte es sich manchmal allerdings um einen Filou von der ganz gerissenen Sorte. Dieser war auf die Rolle des »Ich weiß von nichts« studiert und wußte um den Freispruch aus Mangel an Beweisen. Daß ganz tief und ganz fern in seiner Pupille der Fluch der bösen Tat glomm und sogleich auffiel, wußte er natürlich nicht.

Oder man versteckte sich unter dem Worpsweder Sessel auf der Diele, wenn irgendwelche Untat gerade in der Entdeckung begriffen war und der Verdacht (»mit an Gewißheit grenzender Wahrscheinlichkeit«) auf den notorischen Missetäter fallen mußte; daß der kleine Dummerjan unter dem Stuhl für jedermanns Auge sichtbar, sein großartiges Versteck also aller Welt offen preisgegeben

war, diese folgenschwere Erkenntnis ging dem noch nicht ganz so Routinierten anscheinend ab.

Wieder ein anderes unserer Rauhhaare, ob seines grundsätzlich schlechten Leumunds von fortgesetzten Schuldgefühlen geplagt, duckte sich bei jedem Zwischenfall, als sei er gewissermaßen allergisch gegen Ermittlungen dieser kriminalistischen Art; auch wenn er selber nachweislich – diesmal jedenfalls – ganz unbeteiligt an dem in Rede stehenden Vergehen war. So sah er kläglich vom Abgrund der Erbsünde her zu uns herauf. Sein Blick hieß: »Natürlich – ich, der leider einschlägig Vorbestrafte! Ihr glaubt mir ja doch nicht! Dessenungeachtet: Könnt ihr mir vielleicht trotzdem noch einmal verzeihen? Ich will es auch ganz bestimmt nicht wieder tun!« Sehr schön in diesem Zusammenhang auch das Konterfei in Abb. 35, diese Verkörperung des reinen Gewissens, wie es »im Buche steht«. Und doch – auch hier – die schwärende Beklommenheit der ganzen, auf dreiste Unbefangenheit abgestellten Haltung dessen, der den Täter kennt, aber die Aussage verweigert, weil er sich sonst selber strafbar machen würde.

Ganz uneinsichtig und gänzlich ohne Gewissen war einer unserer Malefizteckel, wenn man ihm immer wieder die eigensüchtige Jagd untersagen mußte. Das war, als wir schon längst wieder auf dem Lande lebten, um mit Mann und Maus, Kind und Kegel, Teckel und Tackel dem Kuh-, Heu- und Waldgeruch wieder ein wenig näher zu sein. Man konnte diesen eigenwilligen Forseleven nicht eigentlich als Wilderer bezeichnen, bei-

leibe nicht. Auf der Pirsch verhielt er sich korrekt, durchaus nach Vorschrift – »mit dem Anstand, den er hatte«, möchte man sagen; so wie es ja bei den meisten Jagdhunden der Fall ist, gleichsam als sei ihnen die sich wechselseitig ergänzende Kameradschaft mit dem menschlichen Jäger von Urzeiten her überkommen. Nein, mein eitler jugendlicher Held liebte es gerade bei ganz unjagdlichen Spaziergängen, gewaltige Hetzen hinter einem gar nicht vorhandenen Wild her zu veranstalten. Er wetzte jiffend davon, anfangs schnurstracks geradeaus, dann Kreise und Haken schlagend, so daß ich schon an ein aufgestöbertes Wildkarnickel oder einen Junghasen glaubte. Es war aber nicht an dem, wie gesagt. Karnickel und Junghase existierten tatsächlich nur in der Einbildung unseres prahlerischen Schaustellers – und nicht einmal das; er wußte wahrscheinlich sogar sehr gut, daß die Gegend derzeit gänzlich leer von jagdlichem Getier war – schon, weil erfahrungsgemäß sofort alles, was da kreuchte und fleuchte, das Feld räumte, sobald der kläffende Teckel auch nur auf Hörweite herankam. Es ging vielmehr um eine regelrechte Schau, die der phantasievolle Regisseur nach allen Geboten der Kunst aufzog, nur um uns zu gefallen. Vielleicht aber auch aus purem Überschwang, reiner Lebenslust, Daseinsfreude und unverwüstlichem Spieltrieb. Wie aber sollte man so einem »Frevler aus guter Laune« nun endgültig beibringen, daß

Abb. 36. Der Forstgehilfe. (Foto: W. Dorn)

diese Extravaganzen ungehörig waren? Ich legte mir damals – auf zwei Fingern zu pfeifen, hatte ich leider nie gelernt – eine grelle Trillerflöte zu, deren Signal wahrhaft markerschütternd wirkte und schließlich auch meinem bis dahin offenbar schwerhörigen Seitensprüngler bald auf die Nerven ging – nicht nur mir selbst und den ländlichen Anliegern oder Feldbestellern ringsum. Fortan brach er seine gesetzwidrigen Eskapaden denn auch ab, manchmal sogar mitten im Sprung, sobald der Schlußpfiff des Platzrichters ertönte. Von schlechtem Gewissen allerdings keine Spur, wie gesagt. Dies war sein gutes Recht – glaubte er wenigstens!

»Die armen Häslein und Karnickelchen!« wird vielleicht so manche(r) meiner Leser(innen) sagen: »Wenn Ihr grausamer Tekkel diese bedauernswerten Geschöpfe aber nun doch aufgespürt hätte, und nicht er täuschte sich, sondern Sie?« Getrost, lieber Leser! Es ist mir in meiner ganzen Teckelpraxis nur ein einziges Mal vorgekommen, daß einer meiner Hunde ein Junghäschen in der Sasse ausmachte und es mir – stolz obendrein – apportierte. Bei dieser Gelegenheit habe ich dem ahnungslosen (und daher im Grunde unschuldigen), diesem ja schließlich zur Raubtiergattung gehörenden Marodeur das erste und einzige Fellvoll verpaßt, das ich mir einem Hunde gegenüber jemals zuschulden kommen ließ; und zwar gleich recht gründlich. Mir selber war nicht ganz wohl dabei, ja mir blutete sozusagen das Herz angesichts der geradezu tragischen Enttäuschung, die sich in der Miene des (in seinen Augen) tüchtigsten aller tüchtigen, jetzt so ungerecht behandelten Jagdgehilfen malte. Doch gibt es eben Fälle, in denen man unerbittlich sein muß und den Regungen des Verstehens und Entschuldigens in der eigenen Brust keinerlei Raum geben darf. Das Hetzen von Junghäschen (auch Jungfasanen oder Rebhühnern) gehört nun einmal zu den Erzvergehen des Jagdhundes; und eben deshalb, weil er den Sinn des Verbotes nicht einzusehen vermag, sind drastische Strafen angebracht, an die der Übeltäter ohne Vorsatz und böse Absicht sich nachmals erinnert und demzufolge bekehrt.

Aber, davon abgesehen: es mußte schon sehr schlimm kommen, wenn ein Häschen sich greifen ließ, zumal ich meine Teckel in der Wurfzeit nie frei laufen ließ. Ausgewachsene Hasen oder Wildkaninchen indessen haben meine – wie gesagt – tüchtigsten aller tüchtigen Jagdgehilfen nie zu fassen gekriegt. Hier war es vielmehr das hakenschlagende Wild, das den Teckel binnen kurzem schachmatt setzte. Er lag da, längelang ausgestreckt, atemlos hechelnd, inmitten der Heidestrünke, und konnte einfach nicht mehr.

Teckel sind großmütig

Grausam? Nein, gewiß nicht.
Da zum Beispiel, wo es um nicht jagdbares Getier ging, waren meine Dachshunde sogar von geradezu souveräner Überlegenheit und nachsichtigster Großmut. Ein Rauhhaar namens Patzo nahm sein tägliches Menü sogar im Kreise der Hauskatze und jenes (einzigen) eierlegenden Huhnes ein, über das wir in der schlimmen Nachkriegszeit verfügten. (Es legte alle zwei Tage pünktlich ein Ei, und dieses verläßliche Zweitage-Ei war es denn auch, das uns über die hungrigen Runden brachte.) Ja, die drei einander sonst so Abgeneigten futterten sogar aus dem gleichen Napf. Es gab damals kein Körnerfutter für das Geflügel, keinen Hering für die Katze (den aßen wir selber auf); vielmehr wurde alles Vorhandene im Eintopf zusammengekocht. Man hatte sich eben damit abzufinden, Mensch sowohl wie Tier; und offenbar gediehen auch und gerade die Haustiere während dieser Zeit in jene vorsintflutliche Verträglichkeit hinein, die uns alle seinerzeit dazu befähigte, uns nicht auch noch um die Rationen zu zanken. Tonangebend in dieser so entgegengesetzten Versammlung rings um den Futternapf war natürlich der Teckel. Er, als der Beißgewaltigste, hatte die sogenannte Erbfeindschaft gegenüber der Katze

Abb. 37. Eine Handvoll Hund. (Foto: K. Schmidt-Duisberg)

74

zu überwinden oder hintanzustellen, desgleichen das sonst so verachtete Huhn zu dulden. Das tat er denn auch.

Noch ein anderes Erlebnis dieser Art zählt zu meinen Erinnerungen: Ein Vogelpärchen, durch die offene Luke verführt, hatte sich in den Dachboden verflogen und huschte hier nun verängstigt umher, ohne das Ausflugsloch wiederzufinden. Das kleine Trauerspiel wurde, vermutlich erst nach Tagen, bemerkt, als die völlig ermatteten, möglicherweise auch schon halb verhungerten und verdursteten Vögelchen schon ganz teilnahmslos auf einem Dachsparren hockten. Sie ließen sich widerstandslos anrühren und konnten, so schwach, wie sie waren, ja auch gar nicht ohne eine pflegliche Nachkur wieder in die Freiheit entlassen werden.

Die mitfühlende Hausfrau verbannte alle neugierigen Familienmitglieder vom Ort des bedauerlichen Geschehens, nahm die beiden Entkräfteten sorgsam auf und sprach (oder zwitscherte) ihnen zunächst voll mütterlicher Güte zu. Da saßen die armen Verirrten nun so auf der flachen Hand des (sicherlich kaum mehr als bedrohlich empfundenen) Menschen. Sie ließen alles mit sich geschehen; komme, was da kommen mochte oder mußte.

Dann, in einem unbewachten Augenblick, fand sich auch der Hausteckel in seinem schier unüberwindlichen Wissensdurst auf dem Dachboden ein. (Treppensteigen konnte er ja.) Und siehe da – er tat den kleinen Piepmätzchen nichts. Im Gegenteil: die Vorderpfoten auf den ausgestreckten Arm der sorgsam auf etwaige Schnapphänsereien achtenden Herrin gestützt, betrachtete das grimmige Raubtier den seltsamen Besuch mit Erstaunen. So nahebei und so standfest hatte er Geschöpfe dieser flüchtigen Art noch niemals erblickt.

Läßt man dieses Bild auf sich wirken, so ist eine gewisse Regung von Duldsamkeit, Wohlwollen, ja Güte auch in den milde verhangenen Augen des Rauhhaarteckels gar nicht zu übersehen. Die Hausfrau, gerührt, da sich der sonst notorische Vogelscheucher als so verträglich erwies, konnte sich nicht genug daran tun, die Friedfertigkeit der beiden Zufallsgäste zu preisen, um so das gute Herz ihres Teckels noch tiefer zu bewegen.

»Such die Katz'!«

Mit der sogenannten »Erbfeindschaft« zwischen Hund und Katze ist es übrigens auch nicht so weit her – so wie vermutlich alle diese durch unkritisches Gerede und Gedankenträgheit hervorgerufenen oder geförderten Begriffe. Ein Langhaarteckel aus meiner Bekanntschaft war auf das innigste mit einer schönen Siamkatze befreundet. Sie zogen

Abb. 38. Erbfeinde? (Foto: K. Skogstad)

gelegentlich, wenn sie Lust zu einem Spiel-
chen hatten, auf die nahe gelegene Wiese
und ergingen sich dort in einem durchaus ritterlichen Turnier. Man lag sich abwartend
gegenüber, umkreiste sich mit allen Fines-
sen, sprang von Fall zu Fall zu und schnappte
nach dem Schwanz; ohne ernstlich zuzubeißen, versteht sich. Der Teckel bezog ein paar
gutgemeinte Backenstreiche, wenn er gar zu
aufdringlich wurde, und die Siamesin verlor
ein paar Haare, wenn ihr Partner sich revan-
chierte. Das tat der guten Kameradschaft
aber nicht den geringsten Abbruch. Danach
saßen oder hockten sie wieder einträchtig

77

vor der Tür und fanden das gemütliche Beisammensein offenbar wunderschön.

Hunde, die erst spät von der Existenz der Gattung Katze überhaupt erfahren, sind zuweilen sogar völlig ahnungslos in bezug auf die etwaigen Voreingenommenheiten dieser angeblichen Urwidersacher (wie auch der eigenen). Schon deswegen kann von Erbfeindschaft, die ja mit dem Instinkt, auch ohne Erfahrung, empfunden werden müßte, kaum die Rede sein.

Ich besaß einmal ein blondgelocktes Rauhhaar mit dem (nicht von mir erfundenen) Namen »Steppke«, das ich von einer alten Dame übernommen hatte. Dieser übernommene Steppke war anscheinend im Glaskasten, fern den wirklichen Begebenheiten des Teckellebens, aufgewachsen und wußte beispielsweise von Katzen so gut wie nichts.

Eines Tages, auf einem Spaziergang die Gärten entlang, rauschte es plötzlich in den Büschen oder Lüften – und eine mächtige, getigerte Hauskatze saß dem armen Steppke wie ein Miniaturtiger auf Rücken und Nakken. Von diesem Wüstenkönigssattel her drosch sie – doch wohl irrtümlich, möglicherweise die Hundeperson verwechselnd – mit beiden Vordertatzen auf das bedauernswerte Teckelschnäuzchen ein. Den dumm erstaunten Blick des braven Alte-Damen-Teckels vergesse ich mein Lebtag nicht. Er sah mich vorwurfsvoll an, so als habe ich die Schuld an diesem unangenehmen Zwischenfall, beschleunigte zwar seinen bisherigen Zuckeltrab, verfiel aber erst nach anscheinend gründlicher Überlegung auf den

einzig gangbaren Ausweg: sich im Staub der Landstraße zu wälzen und auf den Pflastersteinen um und dumm zu kugeln. Dann endlich ließ die sichtbar übelgelaunte, an diesem Tag wahrscheinlich mit dem verkehrten Bein aufgestandene Dschungelhexe von ihm ab. Seither warf der so handgreiflich Verwechselte stets einen tadelnden Blick auf den Katzengarten, wenn wir wieder dort vorbeikamen. Dann traf auch mich ein rügender Abglanz der rollenden Teckelpupille – das Weiße im Auge sozusagen –, und wir trotteten in verhältnismäßig guter Haltung weiter. Ja, als die vorübergehend wildgewordene Katze später auch wieder persönlich in Erscheinung trat, diesmal ziemlich harmlos auf einem Pfeiler des Gartenzauns hockend, ward sie lediglich mit Verachtung gestraft. Und das, obwohl dieser blondfarbene Teckel sich mit der Zeit – auf Grund nunmehr meiner Erziehung – zu einem grimmen Kriegsmann mauserte, der sogar riesige Fleischerhunde todesmutig anblaffte.

Bei anderen Dachshunden hatte ich immer den Eindruck, daß die von ihnen geliebte Katzenverfolgung – wie auch so manche andere Teckel-Heldentat – mehr einem Spiel und Schaustellungstrieb als einer wirklich angeborenen Feindschaft entsprang; zumal sie die mit soviel Aufwand an Gejiff und Gejaff Gejagte ja doch niemals zu fassen kriegten. Kurz vor der allerdings entscheidenden Phase des Gepacktwerdens pflegen diese unzuverlässigen, also wahrhaft katzigen Kreaturen ja leider ihre raffinierten Kletterkünste einzuschalten, und der des Kletterns unkundige Teckel hat – buchstäblich – das

Nachsehen. Ja klettern müßte man können! So aber beschränkt sich das diesbezügliche Vermögen des allzu Erdgebundenen auf den rasanten Anlauf und die paar vielversprechenden Schritte oder Sprünge den schrägen Baumstamm hinauf (von dem man aber leider immer wieder abrutscht). Sie wollen nicht einsehen, die von jagdlichem Eifer und kriegerischem Mut entflammten Teckelkämpen, daß die weise Schöpfung ihnen die Bereiche der anderen Dimension nun einmal versagt hat, wenn auch im Austausch gegen dritte, nicht minder schätzenswerte Eigenschaften. Sie springen und hopsen und überschlagen sich in den Lüften, fallen unsanft auf ihre edelsten Körperteile zurück, stoßen sich die empfindliche Nase, die feinfühlige Schnauze, das weiche Bäuchlein; nachgeben aber tun sie immer noch nicht. Am Ende wird eine langwierige Belagerung eröffnet, verbunden mit schier pausenloser Einschüchterung des feigen Gegners. Nimmer aussetzendes Gebell und Gekläff, Patrouillen im Laufschritt rund um den Stamm demonstrieren ihm die Macht des edlen Teckelgeschlechts. Alles vergebens. Die Katze im Baum besieht und behört sich zwar die erregten Lamentationen der empörten Schreihälse zu ihren Füßen, doch wohlweislich aus sicherer Distanz, über den Abgrund des Raums wie des Hochmuts hinweg.

Aber, wie auch immer, das Verfolgen an sich macht ja wohl Spaß. Auf alle Fälle ist die vermaledeite Katz' erst einmal auf den abseits stehenden Baum gebannt und kann so lange nicht entkommen, wie ihre Zuflucht von der Belagerungsarmee umzingelt wird. Hier und da schweifen die wildrollenden Teckelblicke denn auch voll jagdlichen Einverständnisses zu ihrem Herrn und Kameraden hinüber, so als wollten sie sagen: »Nun – wie haben wir das mal wieder gemacht? Gut, nicht? Ja – unsereins! Von der Jagd verstehen wir nun mal was! Nun tu auch du das Deine – schieß doch bitte, jetzt, es kann nicht fehlgehen!« Der zugehörige Jägersmann aber darf den inständigen Bitten seiner ihn so flehentlich wie vorwurfsvoll anbellenden Schildknappen leider nicht nachgeben: die Wildkatze ist geschützt.

Das große Halali

Und damit wären wir endlich bei jenem Kapitel angelangt, das für jeden Teckelzüchter (und sicherlich auch für jeden einigermaßen rechtschaffenen Dachshund selber) doch wohl das wesentlichste ist: die Jagd! Nur wandelt von der unwahrscheinlich großen Zahl der in aller Welt gehaltenen Teckel eben nur noch ein verschwindend geringer Prozentsatz auf Nimrods Pfaden; obschon sie es sicherlich alle gern täten. Aber was soll man

machen, wenn Herrchen nun einmal kein Jäger ist oder keine eigene Jagd besitzt? »Jagdgebrauchsteckel«, wie der züchterische Ausdruck lautet – das ist gut, das ist schön, das besagt so vieles. Da der Teckel aber auch anderweitig gebraucht wird, ja, zum »Gebrauch« an sich geworden ist, nicht etwa zum Modegebrauch, wobei das Wort »Gebrauch« im weitesten Sinne auszulegen ist (Geselligkeit, Zeitvertreib, Aufheiterung, Lebensfreude, Kameradschaft, die große Harmonie, kurzum, eine der letzten Bindungen an das Kreatürliche, die dem Menschen noch geblieben ist), ist die Jagd eben nur ein Teil dessen, was in bezug auf den Teckel zu sagen und zu erzählen ist. Und dennoch: eine der schönsten Beziehungen des ja immer irgendwie legendären Verhältnisses zwischen Mensch und Tier.

Zur Jagd besonders geeignet macht den Teckel nicht nur seine einzigartige Nase und seine Statur, sondern auch, nicht zuletzt, die zuweilen gewaltige Stimme.

Was die Schnupper- und Schnüffeltalente des Teckels, der eine Spur verfolgt, angeht, so muß man dieses sagenhafte Riechorgan einmal in voller Tätigkeit beobachtet – und das heißt auch: gehört haben. Irgendeine verborgene Membrane läßt da ein seltsames, mit knackenden Geräuschen verbundenes Vibrieren vernehmen. Wie hier das ja an sich

lautlose Geruchsempfinden ins Akustische umgesetzt wird – die Spurenlese im Stakkatotakt, möchte man sagen –, das ist in der Tat sehr eigenartig und sehr imposant zugleich. Die atavistische Begabung feiert gewissermaßen Urstände und bezeugt, wieder einmal, die Souveränität des Instinktes.

Im Augenblick, da der Dachshund auf eine Spur angesetzt wird, ist alles diesem Instinkt untergeordnet. Jetzt hört er auch nicht mehr auf Zurufe und Befehle; was bei anderer Gelegenheit ja hier und da auch schon vorgekommen sein soll! Die zeitliche Welt um ihn herum, auch die seines Herrn, alles seit der Domestikation Anerzogene oder Angenommene fällt von ihm ab. Der sozusagen mit dem zweiten Gesicht begabte Blick ist ins Schemenhafte gerichtet. Das innere Auge sieht Dinge, die das äußere nicht sieht, geheime Lamellen nehmen geheime Botschaften auf und senden sie in Blut und Trieb. Wechselt die Fährte in eine andere Richtung, dann wirbelt der Körper des bis in die letzte Faser hinein hektisch erregten Verfolgers, wie von einem imaginären Anprall getroffen, im Fluge herum, ohne Zögern, ohne Aufenthalt, ohne näheren Test. Anders wieder, wenn die Spur sich verwischte, durch einen Bachlauf, inzwischen erfolgten Niederschlag, sich kreuzenden Fährten oder dergleichen unterbrochen wurde. Dann freilich ist der Test, die nähere Untersuchung, der zweckdienliche Aufenthalt von äußerster Akkuratesse. Immer wieder, die scheppernd-schnuppernde Nase tief am Boden, zieht der gewissenhafte Experte Kreise, Bogen, Ellipsen, Schleifen, Winkel und kehrt immer wie-

Abb. 39. »Jagen mag ja ganz schön sein, aber zu Hause ist's doch viel bequemer.« (Foto: Annerose Schatter) der an die letzte Position zurück. Bis die geheimnisvolle Witterung aus Hauch und Transzendenz, die Ahnung der Membrane, die Vibration der Lamellen wieder verborgenen Empfang registriert.

Und weiter geht die wahrhaft wilde Jagd. Nicht etwa lautlos, beileibe nicht. Der verfolgende Teckel jifft. »Jiffen« – das ist kein Gebell und kein Gekläff. Eine vor lauter Leidenschaft sich schrill überschlagende, von Fanatismus, Suggestion, Hypnose, ja Hysterie entstellte Stimme, die erst dann wieder in das eigentliche Gebell oder Gekläff überwechselt, wenn es »brennt«, wie man so sagt, wenn die Spur schweißig wird, wenn am Laub und am Moos noch die Wärme des Leibes oder der Losung haftet.

Nicht, daß der Teckel das Wild zu stellen vermag; das ist nur ausnahmsweise beim weidwunden, kranken oder von menschlichen Treibern umkesselten Geschöpf der Fall. Er soll es in der Regel auch gar nicht – dazu gibt es andere Hunde –, ist auch längst nicht schnell genug für diesen Zweck. Ja, das anscheinend so gefährlich gehetzte Wild spielt gelegentlich mit dem nicht ganz ernst genommenen Gernegroß, hält sogar kurz inne und äugt zurück, ob der kleine Gesell auch nachkommt und nicht etwa zum Spielverderber wird.

Die Statur des Teckels, namentlich sein zu kurz geratenes Vordergeläuf, qualifiziert ihn also nicht gerade dazu, das flüchtige Wild zu blockieren; wohl aber zur unmittelbaren Begegnung mit dem im Erdbau hausenden Fuchs, Dachs, Otter oder Wildkaninchen. Wieso unser guter Dachshund nun eigentlich

auf dieses kurze und krümmliche Gebein gekommen ist, läßt sich allenfalls vermuten: wahrscheinlich eine erblich gewordene Variante, bedingt zunächst durch den Zufall, dieser die Mutation der Lebensformen bewirkenden höheren Gewalt. Der Urteckel gehört, neben Bracke, Bluthund, Pointer, Pudel, Dalmatiner, dem Deutsch-Kurz- und Deutsch-Drahthaar usf., alles grad- und sogar hochbeinige Rassen, zu den Abkömmlingen der sogenannten »Aschenhunde«. Man fand ihre Knochenüberreste in den ausgegrabenen Lagerfeuern prähistorischer Menschen. Wie aber kam nun plötzlich ein Exemplar mit (anscheinend) verkrüppelter Anatomie in diese korrekt gewachsene Verwandtschaft? Die hin und wieder feststellbaren Beinverkrüppelungen des schon aufrecht gehenden Urmenschen lassen sich mit arthritischem Befall oder auch ganz simpel damit erklären, daß diese Höhlenbewohner in ihrer Kindheit, bei häufiger Abwesenheit der jagenden Horde, schon sehr früh auf den eigenen kleinen Beinchen stehen mußten, hier also buchstäblich gemeint. Die daraus (möglicherweise) folgende Verkrümmung der Gehwerkzeuge (zum O- und X-Bein) hatte also episodische Ursachen und war demzufolge weder erblich verursacht noch überhaupt vererbbar. Anders bei der durch Veränderung der Chromosomen (als Trägern der Erbeigenschaften) hervorgerufenen Beinkrümmung (nicht Verkrüppelung!) unseres Urhundes. Krankheit und äußere Einwirkung scheiden aus, und so gibt es einfach keine Erklärung für diese, sagen wir »Ab-Artung« (nicht »Ent-Artung«); es sei denn, daß

Abb. 40. Gipfelstürmer. (Foto: W. Dorn)

der Zufall hier einen sozusagen schöpferischen Part übernahm.

Man stelle sich vor, daß die Urlandschaft gewisser geographischer Regionen, etwa zur Zeit der ersten, aus unerforschlichem Ratschluß krummbeinigen Hunde, überwiegend mit Füchsen, Dachsen, Ottern, Karnikkeln besetzt war, einer also ebenfalls kurzbeinigen, überdies in Erdbauten hausenden Fauna. Jetzt freilich kommt der kurzbeinige Urhund zu jagdlichem Ruf und reicher Beu-

te. Sein niedriger Körperbau, seine wie zur Schaufel geknickten Vorderbeine befähigen gerade und vornehmlich ihn, in Röhrenbauten einzuschliefen, die anderen Hunderassen unzugänglich bleiben. Nimmt man weiterhin an, daß die Dauer einer solchen, mehr oder weniger ausschließlichen Begegnung zwischen dem Erdhund und dem Erdwild sich auf ein paar Jahrzehntausende erstreckte, dann allerdings folgt aus der zufälligen Eignung zufälliger Eigenschaften die Möglichkeit, ja Unausweichlichkeit der Vererbung: »die Erhaltung der Arten durch natürliche Zuchtwahl im Kampf ums Dasein«. Kurzum: die Ab-Art des Urteckels mit den kurzen, krummen Beinen hat sich, in einer gewissen Epoche, seinen hündischen Zeitgenossen gegenüber als überlegen erwiesen, der Umwelt immer mehr angepaßt, hat demzufolge überlebt und ist so – zum Glück – auf unsere Tage gekommen.

Natürlich mögen auch schon vorzeitliche Jäger, den Vorteil der kurzbeinigen Schaufelhunde erkennend, eine züchterische Auslese getroffen und immer wieder krummläufige Kurzbeiner mit kurzläufigen Krummbeinern gekreuzt, die Mutation also beschleunigt haben; die Kreuzungsversuche der Gegenwart beruhen ja auch auf uralten menschlichen Erfahrungen und Einsichten. Der Rauhhaarteckel beispielsweise weist Blutbeimischungen auf vom Spaniel, der Dachsbracke und dem Drahthaarterrier; mit dem Ergebnis eines gedrungeneren (statt langgestreckten) Rumpfes, kürzerer Schnauze, breiterer Grabepfoten und wetterunempfindlicher Behaarung – von der ebenfalls durch Kreuzung bewirkten Beeinflussung des Charakters ganz abgesehen.

Die Kunst des Sandschaufelns, Lochbuddelns, Röhrengrabens gehört denn auch zu den ganz besonderen jagdlichen Fähigkeiten des Teckels; oft, wie schon erwähnt, auch außerjagdlich angewandt, aus lauter Eitelkeit und Übermut wahrscheinlich, nur um des trefflichen Eindrucks vor einem aufmerksamen Publikum willen.

Kaum einer meiner Teckel ließ eine solche Gelegenheit zur Schaustellung seines Spezialvermögens auf diesem Sektor vorübergehen; mochte es sich nun um den völlig harmlosen Kieshaufen vor einer Baustelle handeln, den winzigen Erdtrichter des noch winzigeren Ameisenlöwen oder einen längst verlassenen Fuchs- oder Karnickelbau. Welche Unmengen, ja ganze Kaskaden von Sand die beiden breitpfotigen Vorderbeine sozusagen in Nullkommanichts ins Proszenium zu befördern imstande sind, ist in der Tat beachtlich. Gelegentlich sieht der mit so löblichem Tun Beschäftigte sich dabei nach seinen anteilnehmenden, ihn dann und wann durch anfeuernden Zuruf unterstützenden Menschkollegen um. Sein Blick besagt wieder einmal: »Tüchtig, wie? Ja, wir Teckel – und besonders ich!« Dann stürzt er sich mit sehenswertem, etwas zu forsch angesetztem Sprung erneut auf oder in das untaugliche Objekt. Bis Herrchen die Lust am gefälligen Zugucken verloren hat und mittlerweile längst weiterspaziert ist, indessen sein Geschäftsführer ohne Auftrag nach wie vor für die gemeinsame Firma tätig ist; um schließlich, merkt er endlich, daß sein Publikum sich verlief, mürrisch hinterdreinzutrotten.

Anders, wenn es sich um wirklich passende Objekte handelt, einen noch besetzten Fuchsbau beispielsweise. Einer meiner Teckel erwies sich als ein so ausgezeichneter, exemplarisch sachverständiger Fuchskiller, daß Jagdnachbarn ihn sich sogar von Fall zu Fall ausliehen: den berühmten Gladiatoren, der auch für fremde Auftraggeber focht. Ich besaß Teckel, die sich darauf beschränkten, den in einer der Röhren befindlichen Fuchs so zu bedrängen, daß dieser es schließlich vorzog, aus einem der zahllosen Notausgänge auszubrechen – wobei ihn dann freilich sein Schicksal ereilte. Ein anderer – eben jener Matador der Fuchsjagd – verbiß sich zumeist derart in seinen unterirdischen Gegner, des Rück- oder Vorwärts nicht achtend, daß nichts übrigblieb, als den Bau aufzugraben. Das brandrote, über und über von Sand, Speichel, Blut bedeckte Opfer war dann häufig schon verendet, durch Kehlbiß getötet. Oft freilich kam auch der todesverachtende Teckel nicht ohne ernste Blessuren davon: zerkratzt, zerbissen, der Haarpelz an vielen Stellen, vor allem auch oberhalb der Schnauze und Nase, derart zerfranst, daß für immer kahle Stellen blieben. Dies aber sind Orden in den Augen aller Wissenden, und der narbenbedeckte Kriegsmann wird darob hoch geehrt. Ein auf eigene Faust Fuchsbauten inspizierender Teckel allerdings fand sich

Abb. 41. »Gibt's hier vielleicht was zu essen für mich?« (Foto: W. Dorn)

einstmals hoffnungslos in der Röhre festge-
keilt und saß ein für allemal fest. Ein Vermiß-
ter sozusagen, nach dem volle zehn Tage
lang, immer vergeblich, gesucht wurde, und
der von seinem tiefbetrübten Herrn eigentlich längst abgeschrieben werden mußte.
Dieser jedoch, immer wieder alle, auch die
ausgefallensten Möglichkeiten erwägend,
kam schließlich auf den gloriosen Gedanken, sämtliche ihm bekannten Fuchsbauten
der Reihe nach aufzugraben. Bereits im zweiten fand der Halbverhungerte, Halbverdur-
stete, Halbverblutete sich denn auch, todes-
matt, arg durch Bisse verletzt, das brave
Schwänzlein kaum noch imstande, dem seli-
gen Glücksgefühl der Rettung in letzter
Stunde Ausdruck zu geben. Sogar die
Stimme versagte ihm; er winselte nur mehr
schwach, kaum hörbar.
Und hier muß ich nochmals auf die Stimme
des Teckels zu sprechen kommen, seine dritte, für den Spür- und Schweißhund so besonders schätzenswerte Eigenschaft.
Der Teckel (Schulterhöhe durchschnittlich
23–25 cm, beim Zwergteckel 18–20 cm,
beim Kaninchenteckel 14–16 cm) ist klein.
»Klein, aber oho«, möchte man sagen. Die
seinen Lungen und Stimmbändern inne-
wohnende Resonanz jedenfalls sucht ihres-
gleichen.
Ich hatte meinen Teckel einst, bei unguter
Gelegenheit, am Gartenzaun eines Bauern-
hauses angeleint, um etwas mit dem (auf
Hundebesuch nicht sehr erpichten) Eigen-
tümer zu besprechen. Dieser ließ mich
nachmals, der Abkürzung halber, zur Hinter-
pforte heraus, und mein armer Teckel war-

tete vergebens. Ich hatte ihn, eben dieser besonderen Umstände halber, doch glatt ver-
gessen. Der Ärmste fiel mir erst wieder ein
(und zugleich zentnerschwer auf die Seele),
als eine urgewaltige, schier von Horizont zu
Horizont und von Firmament zu Firmament
reichende Stimme die Landschaft zwischen
den Dörfern erbeben machte. »Wer läßt
denn da seinen Hund so bellen?« dachte ich
Ahnungsloser: »Der Bursche versteht ja wohl
nichts von Hundeerziehung – den sollte man
mal Mores lehren!« Dann allerdings kam der
unausbleibliche Schock: »Du liebe Zeit – das
ist ja dein eigener!« In diesem denkwürdigen
Augenblick war ich schon mindestens vier Kilometer vom Ort der Bellhandlung entfernt.
Menschliche Stimmen hätten diese Distanz
kaum, oder doch nur bei sehr günstigen
Windverhältnissen überbrücken können.
Mein Teckel indessen konnte es, auch gegen
den Wind. Wie eilends ich diese vier Kilometer reuiger Umkehr hinter mich brachte und
wie hochfahrend-unzugänglich der so
schnöde im Stich Gelassene mich um Vergebung werben ließ, läßt sich denken. Das un-
verzeihliche Versäumnis kostete mich ein
Paar Regensburger Würstchen und einen
Riesenknochen aus dem Schlachterladen,
zum Mitnehmen.
Ein anderes Mal, noch in Berlin, hatten wir
unseren damaligen Teckel unterwegs im
Straßengewühl verloren – oder er uns, je
nachdem. Es war in einer der belebtesten
Geschäfts- und Verkehrsstraßen zwischen
Schöneberg und Steglitz, an einem Sams-
tagvormittag noch dazu, als alle Welt auf den
Beinen war. Unmöglich, den Verschollenen

Abb. 42. Nach dem großen »Halali«. (Foto: K. Schmidt-Duisberg)

so einfach auf Sicht hin wieder auszuma-
chen. Dann aber war da plötzlich, sehr weit
entfernt, immer in den kurzen Pausen des
Verkehrslärms vernehmbar, ein Gebell:
vorwurfsvoll, anklagend, herausfordernd,
dreist, unverschämt; durchaus nicht etwa
wehleidig oder schmerzlich. Natürlich das
des unseren – man kennt das Kläfforgan seines Schoßhundes ja aus der stärksten Meute
heraus. Nichts wie hin, der Bell-Kantate
nach! Wie weit es vom Innsbrucker Platz bis

zum Steglitzer Rathaus ist, kann ich so auf
Anhieb nicht sagen; sicherlich ebenfalls etliche Kilometer. Und richtig: da, in Steglitz,
hockte der Unverwüstliche, unmittelbar, ja
ausgerechnet vor dem Hause der weisen
Ratschlüsse, und bellte die Ratlosen an; sie,
die Samstags-Passanten, wollten ihm ja alle
gern helfen (»Ja – wo ist denn bloß dein
Herrchen?«), doch ließ er sie nicht: keiner
durfte heran. Dieser bedauerliche Vorfall
kam mich, da kein Schlachterladen mehr of-

fen hatte und kein Würstchenstand in der Nähe, auf eine ganze Tafel Milchschokolade aus dem Süßigkeitenautomaten zu stehen, zum Trost und zwecks Vergebung. Untreue und Verrat lohnen sich eben nicht, wie man sieht. Man muß für alles im Leben bezahlen. Auf der Jagd, vor allem bei der Nachsuche, dem Auffinden des etwa weidwunden Wildes, ist es natürlich außerordentlich wertvoll, aus der Ansage seines Teckels jederzeit entnehmen zu können, in welcher Richtung nachgesetzt werden muß; vor allem dann, wenn der menschlichen Kombinationsgabe keinerlei eigentliche Anhaltspunkte mehr zur Verfügung stehen. Die feinfühlige, dem Instinkt ähnliche Gabe, den Verlauf der Flucht aus den unscheinbarsten Indizien zu rekonstruieren, ist uns ja lange verlorengegangen. Dazu brauchen wir eben den »Jagdgebrauchshund«, und auch hier ist der Teckel hervorragend qualifiziert. Sein zum Furioso anschwellendes Standgebell zeigt uns die endgültige Position des Wildes untrüglich an; und nun bestätigt der edle Teckel allerdings das große, in ihn gesetzte Vertrauen. Ist das Wild bereits verendet, so schneidet er es nicht etwa, nach Wolfs- und Raubtierart, an. Er hockt da vielmehr in der triumphalen Haltung des Siegers, und sein nur von kurzen Jaul-Intervallen unterbrochenes Gebell schien mir immer irgendwie einer sehr feierlichen Handlung gleichzuachten, einem Ritual der Urzeit, wenn man will. »Totverbellen« sagt man dazu.

Der Teckel in seiner urigen Gestalt, wie er den verendeten Bock »beruft« und zugleich, inmitten der Bäume des Waldes, zwischen dem Moos und dem Farn der Lichtung, umwebt vom Ruch und Hauch der freien Wildbahn, sein eigenes Lebenslied besingt, die bravouröse Legende des ganzen Teckelgeschlechts.